A Very Short Introduction, Second Edition

智力

測量人類思維及能力的有效方式

Intelligence

IAN J. DEARY

伊恩‧迪瑞

著

王惟芬

譯

目錄

序言與謝辭

　　大家都很重視思考能力。大多數人也很想知道為什麼會有人看起來比其他人更聰明。早在古代，世人就注意到人有才智駑鈍的不同，其間的智力差異可說是天差地別。在我們的用語中有許多詞彙來形容一個人擁有良好思考的一般能力，當然也有缺乏這種能力的語彙。在學術界的心理學領域中，有一群所謂的「差異心理學家」（differential psychologists），他們從事研究和教學，我也是其中一員。我們這群人是在研究個體的智力和人格差異。在這本書中，我會談一些我們在這方面的發現，談論何以人會發展出不同的思維能力，為何會出現這樣的差異。儘管這本二版書更新了大半內容，但我的意圖、方法和行文風格都跟第一版一樣。我仍然認為，要了解人的智力差異的最佳方式，是去讀這個領域中專門的高品質研究。在本書中，我試著不要轉介這些資料，而是讓你能夠直接看到一些關於人類智力研究方

面的第一手數據。

我無意論及智力研究的所有層面。「牛津通識課」這系列的風格以簡潔為主，所以，在這本書中，我挑了十個我認為重要的主題來討論，並且將它們轉化成問題的形式，訂定為每一章的標題。我認為大家都會想知道這些問題的答案。挑出來的這十個主題非常貼近之前美國心理學會（American Psychological Association，簡稱 APA）對智力調查進行的的廣泛研究（這會在第十章討論）。在探討智力測驗的分數時，我用的是尼斯貝特（Nisbett）等人在進行人類智力差異的廣泛調查時所認可的主要研究方法（這也會在第十章討論）。在談這十個主題時，我會提供各種個別研究，當中都包含扎實而強大的數據和可靠的分析。要是你和他人在這方面有所爭議，不論是書中哪個主題中的智力論點，我所提到的這些研究都將是支持你的證據。

在挑選出來的這十個智力研究主題中，每一個我都會以一些個別的研究來說明當中關鍵的發現。通常，這些是來自我的團隊所做的研究。但我要強調，這些並不是唯一可用的研究資料。之所以選擇我自己的研究來當範例，是因為我對

當中的數據品質有信心，而且能反映出這研究領域的一般發現。若是某些主題還有其他不同的解釋，我會推薦一些更深入的閱讀資料。這些推薦的讀物能夠讓你進一步認識這十個主題的其他研究，以及我礙於篇幅而無法涵蓋的智力研究領域。在深入閱讀部分和第十章，我也會討論到智力研究中的一些歷史和最近的爭議。

這本二版書的大部分內容都是新的。感謝我的同事、朋友、家人和著名學者（有些還跨領域）在閱讀我的章節草稿後提出了很好的建議。感謝 Drew Altschul、Janie Corley、Simon Cox、Gail Davies、Ann Deary、Matthew Deary、Douglas Detterman、Morna Dewar、Chloe Fawns-Ritchie、James Flynn、Catharine Gale、Richard Haier、Sarah Harris、Caroline Hayward、Matthew Iveson、Joanna Kendall、David Lubinski、Michelle Luciano、Judy Okely、Lindsay Paterson、Stuart Ritchie、Timothy Salthouse、Adele Taylor、Philip A. Vernon 和 Elayne Williamson，感謝 Danielle Page 幫助校對，也感謝牛津大學出版社的 Jenny Nugee 和 Latha Menon。

正如我在本書初版中所提，我寫這本書是為了向我的母

親伊索貝樂（Isobelle）致敬。她不會在不清楚資料來源時就輕易接受一項聲明。而我以她為榜樣，希望書中提供的說明性數據，以及我對這些資料的描述和解釋，能夠禁得起她和你的審視。本書各章的十項主題是我在談智力的科普演講中提出的，我管它們叫「關於智力的十件趣事」。真心希望你也覺得有趣。

給讀者的話：

在書中我會經常提到相關性（correlations）和相關性的大小（the sizes of correlations）。如果你不確定到底什麼是相關性，請參考最後的附錄（第 229 頁），我在當中有詳加解釋。我建議你在開始第一章之前就先讀一下。我也解釋了什麼是後設分析，或稱統合分析（meta-analysis）；我將描述其中的許多內容。

第一章

智力有幾種？
是只有一種還是
有很多種呢？

我們經常會談到人的才智。然而，當我們說一個人「精明」「聰明」「智商高」「天縱英才」或「思緒敏銳」時，可能會產生歧義，各有各的看法與說法。而且有時其實是在反諷，暗指某人才智平庸或資質駑鈍稍差，好比說：「怎麼會有你這麼聰明的女孩！」有時我們又會將一個人的種種心理能力加以對比，指出強烈的落差，好比說：「他很擅長處理數字，但永遠記不住東西放在哪裡，而且毫無常識可言。」在第一章，我們將探討是否有些人真的在各方面都略勝一籌，比其他人聰明。

下面我將描述一套廣為人熟知而且普遍使用的智力測驗，簡介當中測量各種技能的題型。接著，我會探討這些不同技能彼此是否相關，或者毫無關聯。在閱讀我描述的這組心理測驗時，請記住下面這個問題：「在心理測驗中，如果一個人擅長某類題型，是否也可能擅長所有其他題型？」

魏氏成人智力量表第四版

本書要講的第一個研究故事是關於一家大型的國際心理

測驗公司，他們決定要更新他們最完整的成人智力測驗題庫，於是找來兩千多人做測驗，最後產生了一個數據集。我想藉這個數據集來探討的是：人是否會有特別擅長的心理測驗，在不同題型上表現不同，有好有壞？還是說，人在心理測驗中展現出一普遍的能力，不論題型，成績都很一致，全部都很好，或是都很差？這裡所謂的心理測驗（mental test）指的是認知測驗（cognitive test），是用來評估人的種種思考技能的。

　　圖 1 列出了在此數據集中要求受試者完成的心理測驗。圖的底部有十五個文字框，當中標示有不同的心理測驗，這十五項測驗便是魏氏成人智力量表第四版（Wechsler Adult Intelligence Scale IV，簡稱為 WAIS- IV）的整組測驗題庫。這套測驗的價格所費不貲，只有特定人士才能購買，可能是取得適當資格的人，如教育專家、臨床和職業心理學家。只有受過專業訓練的心理測驗員才能擔任考官，幫人進行測驗，與受試者進行一對一地的面談，測驗長達數小時。這十五項測驗，每一項都會讓受試者用盡腦力。就本章所討論的這個主題，認識當中的測驗題型和一些題目會很有幫助，這

樣講起來就不會太過抽象空泛。而在本書的其餘章節，在談到一個人在智力測驗的成績好壞時，會很清楚他們進行的是哪些類型的心智測驗。由於這些測驗是有版權的，所以我在本書所使用的題目僅是與魏氏智力量表題庫中類似的題目，而並不是原封不動地將整題搬過來。其實還有許多其他的心理測驗，我之所以選擇魏氏智力量表是因為它的普及率高，使用的地方廣泛，而且使用的時間也很長。就算我選擇其他測驗，結果也是大同小異。在隨後的章節中，我們也將會談到許多其他智力測驗和題庫。

如果你去做第四版的魏氏成人智力量表測驗，就會看到下面這樣的題目。我將這十五個子題庫加以命名，並簡要描述每一種，同時會說明每種題型中包含有多少題。

類同（Similarities）：說出兩個詞彙間的共同點。例如：蘋果和梨子有什麼相似的地方？一幅畫和一首交響樂有什麼相似處？（18題）

詞彙（Vocabulary）：告訴考官某些詞彙的意思。例如：「chair」（容易）、「hesitant」（猶豫）、

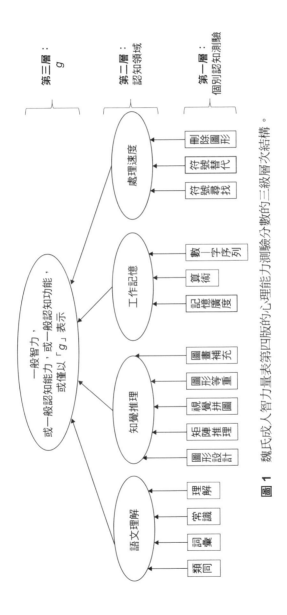

圖 1 魏氏成人智力量表第四版的心理能力測驗分數的三級層次結構。

第三層：
g

第二層：
認知領域

第一層：
個別認知測驗

一般智力，
或一般認知能力，或一般認知功能，
或僅以「g」表示

語文理解 知覺推理 工作記憶 處理速度

類同 詞彙 常識 理解 圖形設計 矩陣推理 視覺拼圖 圖形等重 圖畫補充 記憶廣度 算術 數字序列 符號尋找 符號替代 刪除圖形

「presumptuous」（放肆）。（30 題）

常識（Information）：這是涉及人物、地點和事件的一般知識問題。例如：一個星期有幾天？法國的首都？請說出世界三大洋。誰寫了《伊利亞德》（*The Iliad*）？（26 題）

理解（Comprehension）：回答有關日常生活、社會和諺語的問題。例如：為什麼要把食物放到冰箱裡？為什麼人需要駕照才能開車？「一鳥在手勝於二鳥在林」是什麼意思？（18 題）

圖形設計（Block design）：先看由紅色和白色的方形和三角形所組成的平面圖案，然後嘗試用分別有紅色面、白色面以及由以對角線分成半紅半白面的立方體積木來重組原圖。（14 題）

矩陣推理（Matrix reasoning）：以合乎邏輯的方式來構建出圖案中缺失的元素。圖 2 為這類題型的一個簡單示例。（26 題）

視覺拼圖（Visual puzzles）：每頁上方都有一個圖形，下

方則提供六個不完整的形狀，從中找出三個拼在一起可以構上方部圖形的形狀。（26 題）

圖形等重（Figure weights）：選擇正確的物體來平衡天秤的兩邊。圖 3 顯示這類題型中一個中等難度的示例。（27題）

圖畫補充（Picture completion）：在一系列彩圖中找出缺失的部位。例如：自行車圖片中的一個輪子缺少輻條；一個人的照片上的夾克少了一個鈕眼。就跟這系列題型的早期的測驗一樣，問題會越來越難。（24 題）

記憶廣度（Digit span）：重複考官所唸的一組數字。數字序列的長度可以從 2 個到 9 個不等。一個簡單的例子是重複 3–7–4；較難的是 3–9–1–7–4–5–3–9。在這測驗的第二部分，重複數列時必須要把順序反過來讀。（最多 16 題正向數列，16 題反向數列。）

算術（Arithmetic）：心算問題，這些包括簡單的計數、加減乘除法和百分比。（22 題）

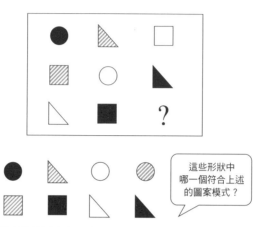

圖2 矩陣推理題的例子。這不是取自魏氏成人智力量表第四版，因為整套題庫都有版權。這個題目是在增訂瑞文氏標準推理測驗（Raven's Progressive Matrices）的修訂版時開發出來的，但這一題後來並未納入。（這題矩陣推理的示例要感謝約翰·瑞文〔John Raven〕博士〔原始測驗發明者之子〕允許我使用這個題目。）

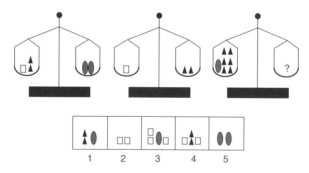

圖3 一個圖形等重題型的例子。這不是取自魏氏成人智力量表第四版，因為整套題庫都有版權。這是我設計出的類似題型。這一題不是很容易。在五種可能的選項中哪一種會讓第三個天秤達到平衡？

數─字序列（Letter-number sequencing）：考官讀一份備選字母和數字的列表（短至 2 個，長至 8 個）。受試者必須在重複時先按大小唸出數字，再按順序讀出字母。例如，心理學家讀「W–4–G–8–L–3」時，受試者應當要回答「3–4–8–G–L–W」。（最多 30 題）

符號尋找（Symbol search）：從抽象符號列表中找出與題目所給的那組目標符號中相同的符號。（限時 2 分鐘）

符號替代（Coding）：寫出索引中與給定數字相對應的符號。圖 4 為這類題型的例子。（限時 2 分鐘）

刪除圖形（Cancellation）：在一張印有棕色三角形和正方形以及藍色三角形和正方形的紙上，用鉛筆劃一條線穿過每個藍色正方形和每個棕色三角形。在第二張印有紅色或黃色的星星和圓圈的紙上重複一次。（計分方式是以完成每張紙所需的時間來決定）

　　以上就是第四版魏氏成人智力量表的所有題型，一共有十五種，包含語言、數字、形狀，還有一些較為抽象的。有些必須在限制的時間內盡量完成，有些則不是。有些與記憶

索引

1	2	3	4	5	6	7	8	9
>	—	≠	□	×	|	⌐	人	▽

練習

4	8	9	1	2	6	3	5	7

測驗

3	2	5	6	9	1	2	7	7

4	6	7	2	1	9	8	8	3

2	3	8	5	6	4	8	3	7

圖 4 這項測驗有部分與魏氏成人智力量表第四版的符號替代測驗很接近。測驗是要求將與數字對應的符號寫在空白格中。得分是根據在 2 分鐘內寫下的正確符號。在真正的測驗中，會提供很多題目。

有關，有些則否。有些是根據考官給的資訊來進行推理；有些則是要從中發現規則；有些是要找出抽象原則；有些則是關於實際知識。有些來自學習教育中獲得的知識，有些則不是。這些測驗涵蓋廣泛的心智功能：看出異同、推論、推導和應用規則、心智材料的記憶和操縱、找出形狀構建的方式、快速處理簡單資訊、說明詞彙含義、回憶常識、解釋日

常生活中的實際行動、處理數字、注意細節等。可以很公允
地說，這些代表了智力（IQ）測驗的多數內容。不過，某
些類型的心理功能似乎比較少，或是根本沒有，但這確實測
驗到相當廣泛的思維能力。而且，對於那些希望只進行「紙
筆」測驗的人來說，這十五項題型中只有三項要求受試者拿
著鉛筆，而且沒有一項要求受試者寫下詞彙、字母或數字。

　　第四版的魏氏成人智力量表是由培生教育（Pearson
Education）在美國和英國開發和行銷。這家大公司在全球
各地都有開發和販售各種心理測驗。他們在美國為第四版的
魏氏成人智力量表的進行驗證時，分別是在 2007 年和 2008
年測驗了 2,200 名年齡介於 16 至 90 歲之間的人。在本章的
討論中，我僅用了當中 1,800 名年齡介於 16 至 69 歲受試者
的數據，因為他們都有做完十五種測驗。與美國人口普查的
資料比對後，發現這個樣本群算是具有代表性，在性別、種
族和地理位置方面都是如此。他們的教育背景廣泛，測驗當
時都很健康，他們的第一語言是英語，而且他們都不是心理
學家。他們每個人都在一至兩個小時內接受了第四版的魏氏
成人智力量表中的十五項心理測驗。這項大型的測驗重複了

心理學中最驚人，同時也是重複最多次的一項發現。

　　在談論這項發現前，我想先請你思考一下這個問題：在這十五種不同的測驗間，你會期待看到怎樣的關係（相關性）？在看到這些數據前，我自認合理的猜測是：這測驗中的許多心智能力間應該沒有什麼關係。也就是說，任一測驗與其他測驗之間多半沒什麼相關性。有人甚至會進一步猜測，擅長某類題型可能會因此付出代價，在其他題型中表現較差；若真是如此，那就表示在某些測驗間會發現有負相關的關係。好比說，空間模式識別能力好的人可能語言能力較差；或是那些能夠看到圖片細節的人在要求速度的列表檢查上可能會慢一點。又或者是，記憶力好的人思考速度較慢。我們對心智能力的運作原理有很多直覺的想法，其中一種便是我們得為所擁有的任何一種心智能力付出一定的代價。

　　但以上這些推論與猜想全都不正確。在檢視這十五項測驗題型間的彼此關係時，一共計算出 105 個相關性，每一個都是正相關，也就是說；在其中一項測驗中表現良好的，往往在其他測驗中也有很好的表現。沒有一類題型與其他題型無關，也就是說，任兩類題型間的相關性沒有接近於零的。

沒有一類題型與其他題型測驗呈負相關：即使是相關性最低的兩種題型，仍然有 0.21 這樣中度的相關性（這是理解和刪除圖形測驗間的關係）。理解和詞彙之間的相關性最高，達到 0.74。這 105 個相關性的平均值為 0.45。也就是說，在這些不同類型的心理測驗間，平均相關性算是相當大的。不過，請記住一點，我們這裡談論的是這一大群人，而且這樣的相關性也不是完美；個體差異總是會在整體趨勢間帶來令人欣慰的例外。

第二項重要的事實是，在第四版的魏氏成人智力量表中，這十五類測驗間有些的關聯比其他更高。好比說，類同、詞彙、常識和理解的測驗之間彼此的關聯都特別高。兩兩比較這四類題會所得到 6 個相關性，其平均值高達 0.70。因此，儘管它們與第四版的魏氏成人智力量表中的每個題型都有很強的相關性，但它們自身形成了一個測驗群，其間的相關性特別高。會出現這樣的結果並不奇怪，畢竟這四類測驗都與語言、事實學習和理解力有關。

在第四版的魏氏成人智力量表的測驗題庫中，一共形成了四個這樣的測驗群，群內各類測驗的關聯特別密切，儘管

它們仍然與所有其他測驗題型展現出正相關。以記憶廣度、算術和數—字序列這三類題型為例，它們也出現同樣的狀況，形成另一個群，平均相關性為 0.62。但它們與題庫中其他十個測驗類型也都呈正相關，只是它們彼此的相關性更高。這三項測驗都與數字以及在操作時記得列表內容的能力有關。還有另外兩個這樣的測驗群，也是群內彼此間的相關性特別高。圖 1 顯示出這四個測驗群，現在讓我們來談一下。

你會注意到，在圖 1 中有四類測驗的箭頭指向「語文理解」（Verbal comprehension）這個橢圓形，分別是：類同、詞彙、常識和理解。這是因為這幾類測驗題型的關聯非常密切，足以將它們擺在一起，以「語文理解」這樣一個假設實體（hypothetical entity）——這是科學家用來指稱有可能存在但尚未證實的東西——統稱之，這表示在統計後發現這四類測驗題型間的關聯性高出與其他類型的關係。但是並沒有一項測驗叫做「語文理解」，這是因為在統計後發現這四類題型有所重疊，只是有人會用這個聽起來比較廣泛的名稱來表示進行這四類測驗所需要的思考能力。這純粹是因為注意

到它們之間的相關性特別密切。請不要以為大腦中有什麼區域是在進行「語文理解」的；同樣地，這也只是個名稱，用來代表在進行這些測驗時所需的思考能力中似乎很常見的那項特質。

現在我們來看看第四版魏氏成人智力量表中的其他測驗群，它們看起來也是密切相關地合在一起。在圖 1 中，圖形設計、矩陣推理、視覺拼圖、圖形等重和圖像完成等題型，全都關係緊密，測驗全都歸在「知覺推理」（Perceptual Reasoning）這個標題下。將這些題型兩兩相比，得到了 10 個相關性數值，其平均值為 0.52。我認為這個由智力測驗出版商所定的標題很貼切，恰如其分地捕捉到進行這些測驗所需要的種種思考能力，儘管這也可稱為「抽象推理」（abstract reasoning）。

另外三個牽涉到數字和列表的測驗題型則納入「工作記憶」（Working Memory）這個大標題下，分別是記憶廣度、算術以及數—字序列。「工作記憶」是由心理學家提出的一種標籤，用來標記在記憶中要同時保存資訊並操縱這些資訊的能力。試想在記憶廣度的反向測驗中你的大腦得做些

什麼。考官會讀出一串數字，要求受試者重複一遍，但必須要倒著唸。所以，他們必須在記住名單的同時，還要將其在腦中反轉過來，讀出反轉的名單。這真的很燒腦——尤其是當名單有一長串時——而要承受這股壓力的部位就是心理學家所謂的「工作記憶」。

最後三個具有高度關聯的測驗題型都和速度有關，要盡快地比較視覺符號，做出簡單決定，這三種測驗分別是：符號尋找、符號替代和刪除圖形。這三類測驗題型的相關性平均值為 0.51。在這類測驗中，每道題都很簡單。要是沒有時間限制，很少有人會犯錯。在這些測驗中，得高分的關鍵是要在短時間內正確回答大量這些簡單的題目。它們都屬於「處理速度」（Processing Speed）這個標籤。這些測驗題型與其他測驗群的題目形成明顯對比，在那些測驗群的題目中，有些難度非常高，無論給人多長的思考時間都無法正確解答。

下面是這部分的總結。在對 1,800 名美國成年人進行十五項不同的心理測驗後，發現在這十五類題型中，只要擅長任何一類，往往其他十四類的成績也很好。此外，與另外三

個測驗群相比，每個測驗群內的任兩類題型的相關性較高。圖 1 是以不同的標題（或稱標籤）分組來顯示相關性較高的測驗，這些標題或稱標籤代表著要進行這類測驗所需的共同的幾種心理技能。這四群子集合一般又稱作「智力因素群」（group factors of intelligence）或是「認知領域」（cognitive domains）。在一定程度上，可以將這些認知領域的表現分開，因為在一領域內的幾類測驗題型之間的相關性會高於其他領域中的各類測驗題型。

我們可以為一個人的「語文理解」「知覺推理」「工作記憶」和「處理速度」等認知領域評分。也可以衡量各認知領域之間的相關性，就像剛剛比較那十五類測驗題型的評分那樣。也就是說，我們可以問，就心智能力來看，擅長某一領域的人是否通常也擅長所有其他領域。例如，「工作記憶」得分相對較高的人是否也有較快的「處理速度」，而且「語文理解」和「知覺推理」的得分也比較高？這些答案都是肯定的：這四個認知領域的相關性在 0.45 ～ 0.64 之間。這樣的關聯算是很高。在一個認知領域得分高的人往往在其他各領域得分也很高。在圖 1 中，我們用「g」

來表示所有的認知領域，這是長久以來的慣例，「g」這個英文字母代表的是「智力的普通因素」（general factor in intelligence）。這同樣也是從統計中提煉出來的一項可靠研究發現：就人的心智表現來說，不論是良好、一般或較差，通常會展現在所有測驗結果中。

　　接下來要進入重點。在圖1最下層的矩形中，也就是實際上的心理測驗，那十五類測驗題型，它們構成了第四版魏氏成人智力量表的題庫。四個橢圓代表的是四種認知領域（圖中的中層），而包含g的橢圓（圖中的頂層）是用來表示矩形中各項測驗間統計關聯的最佳方式。中層和頂層橢圓中的認知領域和「g」，不能和人類的心智功能劃上等號；它們不是大腦的一部分。在中層和頂層的橢圓中所寫的名稱只是合於常理的猜測，是根據那些高度相關的測驗群間的各類測驗題型間可能需要的相似心智功能所做的推論。中層和頂層的橢圓則是經過統計程序和數據分析所得，並不是我們就各類測驗間的相似性所做的直覺推測；然而，我們在橢圓內寫的標籤確實是以我們的常識來決定的。重點是要明白，我們在這裡所做的心理測驗分析，只是對所有這些測驗的統

計關聯性進行分類，我們並沒有發現大腦中不同的心智活動系統。儘管這些發現多少有這樣的暗示，但詳情與細節有待進一步研究。

像圖 1 這樣描述人類不同心智能力的方式稱為層次結構（hierarchy）。這項大型研究所要傳達的訊息是，在一大群成年人中，有將近一半的成績差異可能歸因於執行所有這些測驗所需的心智能力；也就是我們所謂的 g 或「一般智力」（general intelligence），或「一般認知能力」（general cognitive ability），或「一般心智能力」（general mental ability）。因此，談論一般類型的心理能力確實是有意義的，這是有一定的真實性。人在許多類型的心理測驗中的表現差異是有些共同原因。

在此必須要特別說明的是，g 是一個統計結果，而不是什麼統計假象（statistical artefact）。也就是說，g 是不見得會出現的。用於檢查各項測驗間相關性的分析並不會強制造成 g 因素的出現，若是各類型的測驗間沒有這樣的正相關趨勢，就不會有 g。我個人仍舊覺得 g 的出現是個令人驚訝的結果。在本章的下半部，我們將會看到，即使讓同一群人做

不同的認知測驗，g 還是會固定出現。

　　同樣要釐清的是，g 並不能解釋人在這十五項測驗中的所有成績差異，它的解釋力大約只有 40%。我們可以肯定地說，有些人在整體上是比其他人更聰明，但人類的心智能力不僅只是聰明而已。從圖 1 可以看出，除了 g（認知領域）之外，還存在有其他範圍較狹窄的能力類型，並且可以根據執行某些測驗群所需的特定腦力來描述這些能力。最後一點，就算將一般能力和認知領域合在一起，還是不足以解釋人在第四版魏氏成人智力量表的十五類測驗題型中的成績差異。此外，要想在每項測驗中都取得好成績，還需要具備一些非常具體的能力。這是任何其他測驗所沒有的，即使測驗中的題材與其他測驗中的非常相似。

　　在完成第四版的魏氏成人智力量表的十五類測驗題型後，心理學家可以給受試者的每項測驗評分，從而再計算出四個認知領域各別的分數，最後就得到 g 的分數。g 這項分數在魏氏測驗群中稱為「全量表智商」（Full Scale IQ）。現在讓我們看看這個智商分數在人群中的分布。看看圖 5，注意它是呈鐘形的。這也稱為「常態」曲線。底部是智商

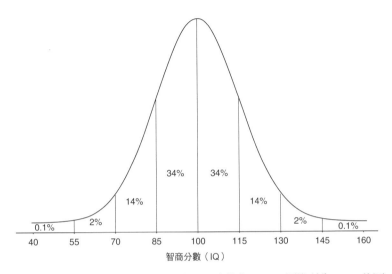

圖 5　在一人群中的智商分布曲線。平均值為 100，標準差為 15。此圖顯示出不同智商得分在人群中所占的百分比。請注意，多數人的智商都在平均值附近，而兩邊的極端值則很少。（人群中智商分數的分布圖，感謝西蒙‧考克斯〔Simon Cox〕博士提供這個數據）

分數。平均 IQ 分數設為 100。找出底部的 IQ = 100 分的地方，會看到那裡是曲線上升到最高點的地方。曲線上任一點的高度相當於人群中得到該分數的比例。可以看到，在遠離平均值，越往高低分區，人數越少。身高的分布曲線也與此相似，大多數人都在平均值附近；非常高和非常矮的人比較少見。我們將平均智商設定為 100，這是曲線中最高點的

位置。接下來，我們需要一種描述分數在均值兩側分布的方法。這種分布稱為標準偏差（standard deviation）。在魏氏 IQ 量表中，標準偏差是設定為 15。以這樣的曲線為例，這表示有 34% 的人將處於平均值到高於平均值一個標準偏差分數的範圍內，即 100 ～ 115 分；有 14% 的人的得分在 115 ～ 130 之間，即比平均值高一到兩個標準差；2% 的人的分數介於 130 ～ 145 之間，即比平均值高兩到三個標準差。只有 0.1% 的人（千分之一）的分數高於 145，即高於平均值三個標準差以上。從曲線的形狀可以看出，只有百萬分之一的人智商 170 以上。在低於平均值分數的那一側也是隨分數減少而遞減。好比說，只有 2% 的人智商在 55 ～ 70 之間；而智商低於 55 的只有千分之一。

這份第四版的魏氏成人智力量表數據集讓我們明白，在考量一個人完成這些心理測驗的能力時，至少需要考慮三個問題。首先，他們的一般心智能力有多強？其次，他們在認知領域的優勢和劣勢是什麼？第三點，是否有人特別擅長某些測驗？除了能力、運氣和機會這三項因素外，他們今天的心情也是一項會影響他們測驗成績的因素。我希望這能在探

討人類有多少認知能力的問題時帶來一些想法。這問題沒有標準答案，取決於你所要問的是哪項心智能力。有一般智力，也有更具體的心智能力。

　　第一個發現人類智力中存在有一般因素（g）的是一位改行當心理學家的英國軍官查爾斯・斯皮爾曼（Charles Spearman），他在 1904 年發表了一篇著名的研究論文。在文中，他比較了學童在不同學科上的分數。發現各科成績的分數都是正相關的。他把這歸因於學童心智能力中的 g 因素，也就是一般能力的差異。在接下來的幾十年，心理學家一直在爭論是否 g 因素這樣單一因素的概念是正確的。尤其是美國心理學家路易斯・瑟斯通（Louis Thurstone），他提出約有七種不同的人類心智能力。他稱它們為「基本心智能力」（primary mentalability），並且不再強調 g 因素。然而，即使是用他自己的數據集來做統計分析，這七項能力之間也是呈正相關的。相關爭論仍在繼續，甚至在不了解研究數據的人之間也掀起波瀾。然而，到 1940 年代時，事態變得明朗起來，每當對一群組人進行一系列心理測驗時，各項測驗成績間的相關性幾乎全是正相關。這直指一個不可避免

的事實，確實存在有心智能力的一般因素，g 因素是可信的概念。到了 1990 年代初期，明確的結果更是迎面而來，沒有爭論的餘地。

卡羅爾的「人類認知能力」調查

1993 年，美國心理學家約翰・卡羅爾（John Carroll）出版了他的著作《人類認知能力：因素分析研究調查》（*Human Cognitive Abilities: A Survey of Factor Analytic Studies*）。他在學術界的心理學研究生涯見證了大半關於人類心智能力的數量和性質的辯論，他看到學界的分歧以及種種難以達成共識的障礙。其中的一大問題是，過去有數百項研究針對許多人群進行過各種心理能力測驗，但這些研究所用的心理測驗在數量和類型上都不同，而且受試者的年齡和背景也不相同。而且，研究人員在探討心智能力的數量時，往往使用的是不同的統計方法來得出結論，尤其是在關於智力的一般因素存在與否的問題上。卡羅爾的研究目的是盡可能找出在二十世紀進行的人類智力的高品質研究。然後，他使用同一套標準統計方法來重新分析這些研究。他一共重新

分析了四百多組數據，其中包括那時期人類心智能力測驗多
數著名的大型數據集。因此，若是讀了卡羅爾的這本書，就
會得知過去收集到的大半關於人類智力差異的那些為人熟知
的數據。

卡羅爾的書長達八百多頁，最後的結果是以統計分析和
許多專業術語的形式來整理，不過結論相當明確。在每個數
據集中，他都發現前面我們在談及第四版的魏氏成人智力量
表中的結果，各個測驗成績的比較都出現正相關模式。在一
項心理測驗中表現出色的人往往在其他測驗中也會拿到好成
績。有一些測驗中的子測驗群具有特別高的關聯。這些數據
集反映出確實存在有一個普遍的認知能力因素，能夠解釋個
體心理測驗的成績高低差異。

卡羅爾發現的精華總結在他書中的第 626 頁，他以一
張圖來表示人類認知能力的「三層模型」（three stratum
model）。圖 6 是其簡化版。它的結構與圖 1 的結構非常相
似。在他的層次結構頂部是他的「第三層」，他稱之為「一
般智力」（general intelligence）。在「第二層」則有八種廣
泛的心智能力類型，其中四種與第四版的魏氏成人智力量表

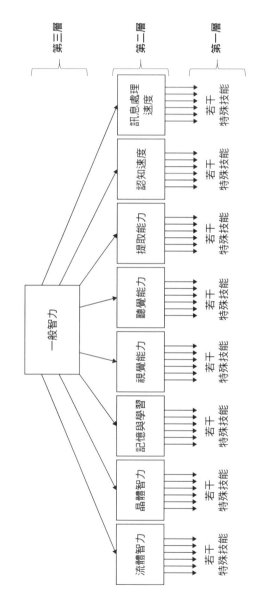

圖 6 以階層圖表示心智能力測驗分數間的關聯。此圖代表了卡羅爾數十年來的研究成果，他重新分析了四百多個人類智能研究的大型經典數據庫。

流體智力 晶體智力 記憶與學習 視覺能力 聽覺能力 提取能力 認知速度 訊息處理速度

一般智力

第三層 第二層 第一層

若干特殊技能

的認知領域相似。卡羅爾發現了更多的心理能力群，因為他分析的數據集比第四版的魏氏成人智力量表數據集所納入的心理測驗更多、類型也更廣泛。在「第一層」——這裡以一組箭頭代表——則是非常具體的心理技能，很像我們在第四版的魏氏成人智力量表中看到的題型，都是在測驗個別的技能。同樣地，就像我們在第四版的魏氏成人智力量表數據中所發現的，卡羅爾的這份心智能力的階層結構是經過標準化統計程序產生的，他並沒有先預設計好一結構，然後強加在這些數據上。他是發現了這套智力差異的階層關係，而不是發明出這樣的結構。這些數據集累積了大量受試者所做的多項心理測驗結果，都自然而然地呈現出一般智力。卡羅爾的這項階層調查是當時最為完善的，不過早在他 1993 年出版這本書之前，這樣的階層結構就已受到重視。英國心理學家西里爾・伯特（Cyril Burt）和菲利浦・維農（Philip E. Vernon）早在 1940 年就分別在他們的書中明確討論過智力差異這的種層級形式。

　　最根本的要點是，至少有四個可能而且非相互排斥的因素讓人在一項心理測驗中取得好成績時：在整體上擅長所有

的心理測驗（他們的一般智力很高）；特別擅長某一類型的測驗（他們在那個認知領域的能力很強）；他們擅長那項特定測驗（他們很會解那項特定的認知題型）；測驗那天他們神輕氣爽（機運在測驗時特別眷顧他們）。

斯皮爾曼發現心理測驗間存在有普遍的正相關，他稱此為 g 因素，這項實證發現後來在研究中多次被重複。我所知道的數據集也全都可以找到這樣的關係，無一例外。羅素‧沃爾內（Russell Warne）後來又將樣本群擴展，納入 31 個非西方國家，在他們的數據集中也不斷找到這種現象。他在超過五萬人參加的多項認知測驗的 97 個樣本群中，發現幾乎所有人都表現出一般認知因素。正如在其他地方所發現的，可以用 g 因素來解釋的總測驗成績差異將近有 46%。就此來看，現在我們確實可以自信坦然地來談心理測驗表現的結構，這絕對是有憑有據的。甚至有越來越多的科學計畫開始往動物方面探究，想要看看在各種非人類物種間，是否也有類似的一般智力存在。

然而，這裡還是要再強調一次，這些發現並不代表人類大腦也有這樣的組織和區隔，這些統計結果並不能證明這一

模型的存在。我不認為 g 的實證發現是一套解釋智力差異的理論，恰恰相反，這是需要加以解釋的現象。在接下來的章節中，我們會常常看到，智力的一般因素是影響智力測驗成績最重要的一個層面。例如，之所以能夠用認知測驗成績來預測一人在教育、職業和健康方面的狀況，主要就是來自於一般智力因素。遺傳的影響也是如此。老化的效應對 g 因素的影響也很大。然而，老化的影響相當微妙，第二章將會談到，隨著年齡增長，某些認知領域會逐漸消退，但還有其他認知領域基本上是完好無損的。隨著年齡的增長，在第二層所謂「流體智力」（fluid intelligence）和「晶體智力」（crystallized intelligence）會出現重要區別。

智力測驗量不到的「智力」

　　g 因素和階層結構的普遍發現可能會讓某些人感到驚訝，這些人都聽說或讀過霍華德・加德納（Howard Gardner）在其通俗著作中談到的「多元智能」（multiple intelligences）。他認為心智能力有多種形式，而且彼此間沒有關聯。然而，他的想法因為缺少能夠加以驗證的數據而

受限。事實上，一些加德納認為是獨立的心智能力彼此間也存在有正相關，也因此與一般心智能力有關，這些心智能力都為人熟知，好比說他所謂的語言、數學和音樂智力。另外一些他所謂的智能，儘管算是人的屬性，但通常不被認為是心智能力，即不在認知範圍之內的技能。例如，他提出身體智力（physical intelligence），這是一組運動技能，而人際交往智力（interpersonal intelligence）則涉及到人格特質。

不過，加德納的說法不無道理。上面談的這些心智能力測驗並未評估人類心理差異的各項重要層面。例如，標準的認知測驗並不會去衡量創造力或智慧。這些很受人重視的特質都不容易衡量——心理學家難以掌握它們——儘管兩者都與智力有明顯的關聯。心智能力測驗也測量不到人格特徵（例如神經質、外向、責任感和人緣）、社交能力、領導能力、魅力、冷靜、利他主義或是許多其他我們認為可能具有個體差異的特質。不過這並不是在說智力類型的測驗毫無用處。

在我們繼續討論關於智力的其他九件趣事前，我應該在此先補充說明最後一點。在本書中，智力一詞對我來說是認

知（心智能力）測驗分數的簡化用語，也就是智商。因此，在接下來的第二章到第十章，我們要談的便是關於智力測驗分數的九件趣事。

第二章

隨著年齡增長，智力會發生什麼變化？

大多數的中老年人都會很大方承認，說他們的身體大不如前，在許多方面都沒有 2、30 歲時來得好。他們有時會自我解嘲地說記憶力衰退，或是思考速度沒有以前那樣敏捷。但是很少人會說隨著年齡增長會變得比較笨。

事實上，與年齡相關的智力下降風險遠大於罹患老年失智症和早逝。認知能力嚴重下降的老年人往往生活品質較低，難以完成日常生活所需的活動，獨立生活的能力也較差。因此，有必要弄清楚是否有些人在老化時思維能力會比其他人好，這又是如何達成的。這是我的研究團隊的一項主要目標，也是本章的主題。

薩爾修斯的維吉尼亞研究

下面要介紹的是國際間研究認知老化的大將提摩西‧薩爾修斯（Timothy Salthouse），他一直在探究老化是否會影響到認知領域。這項研究基本上就是在數據集和後設分析間來回打轉，因為薩爾修斯將他自己的許多數據集放在一起，樣本量介於 2,369 ～ 4,149 人之間。受試者的年齡層從 20 歲

左右一直到 85 歲以上。他們每個人都做了十六種認知測驗中的一些題型。

　　薩爾修斯彙整編撰一份認知測驗列表，用以代表不同的認知領域。有些是記憶測驗，例如記住一串不相關的單詞，以及記住一長串兩兩一組的詞彙配對。也有推理測驗，像是在第一章提過的矩陣推理測驗，以及字母序列的完成測驗（例如：H–C–G–D–F–？）。有空間視覺的測驗，例如，將一張紙折疊後，在其上穿孔，要想出將其展開後的樣貌為何，以及一系列立體的三維結構對應到二維平面圖案的選擇。有速度測驗，好比說第一章中的符號替代測驗，以及成對圖案測驗，題目會要求兩個圖案相同時寫下 S，不同時則寫 D。有詞彙知識測驗，像是說明單詞的含義，以及在列表中選出哪個是題目所給詞彙的反義詞。總體來說，每個認知領域都有三項測驗，詞彙則有四項測驗。

　　還有一點要說清楚：每個受試者都只接受一次測驗。這項研究是關於不同年齡層的人在認知測驗中的成績。這稱為橫斷式研究（cross-sectional study）。現在看看圖 7。底部的橫軸是年齡，從大約 20 歲到 80 幾歲。左邊的 Y 軸代表

在認知領域的分數。這裡使用的是一種標準化的分數，其中的 1 分相當於是我們在圖 5 看到的智商（IQ）量表的 15 分左右。圖 7 也列出各認知領域的名稱。

看看圖 7 中代表「記憶」的這條線，是以空白的菱形表示。圖中顯示出每個年齡層的平均分數；可以沿著水平的軸

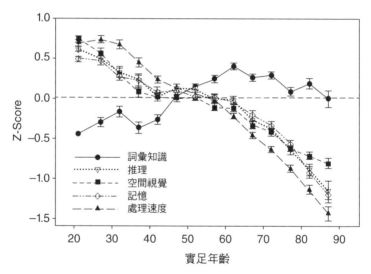

圖 7 在薩爾修斯教授的研究中，參與認知老化測驗不同年齡層受試者在認知領域的平均測驗分數。（此圖經同意再製轉載：Salthouse, T. (2010). Selective review of cognitive aging. Journal of the International Neuropsychological Society, 16(5), 754–760. Copyright @ The International Neuropsychological Society 2010.）

線看到各年齡層的標記，往左邊看去，就可對應到分數。每個年齡層的測驗分數也有一個標準差，這是以從軸線上圓形、三角形和方形等圖案中向上和向下出現的 T 形短線來表示；它們看起來都很短，這代表在這研究中的測量相當準確。記憶力的分數在年輕的年齡層較高，通常隨著年齡層增長而降低。從這張圖表也看得出來，年齡與智力的關聯似乎也不是從 20 歲到 80 歲一路直線向下。從 20 到 5、60 歲的下降坡度很淺，尤其是在 35 歲到 60 歲左右。從 5、60 歲一直到 80 歲以上，下降坡度比較陡峭。平均而言，年長者在記憶力測驗中的表現不如年輕人，而且在 60 歲左右之後，平均分數可能會急劇下降。推理和空間視覺能力的成績也展現出類似的模式。從青年時期開始，這些能力就有普遍下降的趨勢，大約在 60 歲後下降趨勢更為陡峭。請注意看這三類的測驗，在整體上都出現平均分數從年輕往年老下降的趨勢。大約是 1.5 個標準單位。如果這是一個智商量表，那就大約是 20 分以上。若我們承認這些結果代表了智力與老化相關的變化，那麼就這些發現得出的結論是，記憶、推理和空間視覺的平均分數從青年期到中年晚期略有下降，而中年到老年的下降幅度更大。

而在其他兩種類型的測驗——處理速度和詞彙——在與年齡的關係上則展現出不同模式。

在圖7中，處理速度是用黑色三角形來標記。平均分數大約從30歲開始一路直線下降到80幾歲。在30歲和80歲之間的差異大約是2個標準單位，在智商（IQ）量表上這相當於30分左右。若是我們接受這些結果代表與老化相關的變化，那我們得到的結論便是，人的平均處理速度從青年期到老年會逐漸顯著下降；老年人的平均思維速度要比年輕人慢得多。

就算這圖看起來令人沮喪，那也不全然都是壞消息。在圖7中用黑色圓圈標記的詞彙知識平均分數在總體上展現出是從青年期開始上升的模式，並在60歲左右達到高峰。這是一個在中年晚期和老年早期達到高峰的認知領域。另外還要注意的是，這方面的成績在80幾歲時仍然高於青年期的分數。

其他的大型橫斷式研究——包括魏氏智力檢驗在內——也發現與薩爾修斯相同的結果，另外還有一個好消息，即一

些數字技能和知識在老化時也相對能夠維持。縱貫式研究
（Longitudinal studies）——讓同一群人在年齡增長後再度
接受測驗——也發現與上述相似的結果，就算扣除測驗熟悉
度和練習等因素的影響也是如此。

　　如果有人問：「隨著年齡的增長，智力平均會發生什麼
變化？」，我們得模稜兩可地回應：「這取決於你指的是哪
些認知領域。」某些（但不是全部）認知功能在高年齡層
中的表現較差，整體平均分數偏低。這項與年齡有關的發
現——以及因為不同神經損傷造成的效應——全都反映在
「流體智力」和「晶體智力」的重要劃分上。這是由雷蒙·
卡戴爾（Raymond Cattell）和約翰·宏恩（John Horn）提出
的。流體智力一般是使用大家不熟悉的材料來進行評估，受
試者需要積極思考，而且通常得面臨時間壓力。這種智力平
均而言隨著年齡增長而下降。晶體智力往往藉由知識測驗來
評估——例如詞彙、常識或一些數字技能——並且主要是在
測試一個人的知識量，而不是要求他們當場積極地解決問
題。流體智力和晶體智力雖然可以分開，但依舊是相關的；
通常有一項表現好，另一項也不會差。

智力會「一去不復返」嗎？

剛剛我們看了認知領域隨年齡變化的方式。現在我們再加入一般智力來一起討論。在第一章我們得知，各個認知領域彼此間都是高度相關的。所以，現在我們要問的是：如果人的一種認知能力會隨著年齡的增長而下降，他們在其他各方面是否也有這樣下降的傾向？或者換個比較直白的問法：「智力（即所有不同的認知領域）全都會一去不復返嗎？」艾略特·塔克·德羅伯（Elliot Tucker-Drob）對這主題進行了後設分析，他和其他共同研究人員將此描述為「耦合的認知變化（coupled cognitive changes）」。他是這樣解釋的：「必須要了解個體差異的縱向變化是否與不同的認知能力相互關聯。」

德羅伯在研究文獻中找出 22 個獨立的數據集，合計受試者一共超過三萬人。這些數據集中的每個受試者都在年齡增長後參加多次的好幾項認知測驗，次數從 2 次到 12 次不等。平均的追蹤時間約為十年。這些研究中的受試者接受測驗的年齡是在 35 ～ 85 歲之間，平均年齡為 67 歲。他們接受的認知測驗包括不同類型的記憶、處理速度、空間能力、

推理和詞彙知識等。智商得分每十年平均下降約 7.5 分。

德羅伯得到的結果是：「平均而言，在各種心智能力上都出現與老化相關的認知變化，這樣的個別差異達到60%。」這表示在不同的認知測驗和認知領域中，與老化相關的差異變化有 60% 是來自於一般智力的變化。他對這一結果的解釋是：「這樣一個相對較高的數字估計值代表著，與同年齡層相比，在處理速度等心智能力出現急劇下降的個人身上，也可能出現在推理和情境記憶等能力的下降。」沒錯，就此看來，在很大程度上，智力確實就是一去不回頭，它消失時就是消失了。

不過，德羅伯對此也提出明確的警語。不能僅因為相當大比例的人在不同認知領域的認知變化（通常指的是衰退）可以用一般的單一維度來捕捉，就推論這是由單一原因造成的。他還提出指出，在認知衰退這一單一維度的表象背後，或許存在有大量可能彼此獨立的社會、生物和遺傳因素。

1932 年和 1947 年的蘇格蘭心理調查

前面提到，平均來說，大多數認知領域和一般智力的得分會隨著年齡增長而下降。現在我們要問的是，是否每個人都會走上這條路，依循這個平均值的變化。從青少年到老年，人會出現多大的智力變化？要回答這個問題，是不可能靠橫斷式的研究。我們需要採取另一種比較不尋常的方式，得拿到同一群人在很長一段時間後再度進行智力測驗的成績。蘇格蘭剛好有這方面的資料，在 1932 年和 1947 年的蘇格蘭心理調查及其後續研究，可供我們參考。在本書的其他地方，我們還會用到這些調查當作例子來說明智力研究的其他層面，所以我現在會詳細描述一些細節。

在 1932 年 6 月 1 日星期三，幾乎每個在蘇格蘭就學的 1921 年出生的孩童都參加了同樣的智力測驗。這是一項大規模的全國性研究，從未在世界上任何其他國家重複過。當時幾乎所有介於 10 歲半到 11 歲半的學童都在相同條件下接受了測驗。這是由蘇格蘭教育研究委員會（Scottish Council for Research in Education）所組織規畫的。這項計畫稱為「1932 蘇格蘭心理調查」（Scottish Mental Survey 1932），

當時收集的調查數據主要是用作教育規畫的輔助，以及計算學校中有特殊教育需求的學童人數，是由學校教師負責測驗和評分。這項測驗是由當時著名的愛丁堡大學教育心理學家戈弗雷‧湯姆森（Godfrey Thomson）發展出來的。他是莫雷教育學院測驗（Moray House Tests）的創始人，這項測驗在英國叫做「11+」智力測驗，是為了選擇不同類型的中學教育。1932 蘇格蘭心理調查所用的智力測驗就是改編自這份莫雷測驗的第十二版（圖 8）。在 1932 年夏日的某一天，有 87,498 名兒童花了 45 分鐘在動腦作答，回答這些涵蓋詞彙、句子、數字、形狀、代碼、說明和其他各項考驗腦力的題目。

蘇格蘭教育研究委員會於 1947 年 6 月 4 日星期三再度進行了一次全民智力調查。當時，幾乎所有 1936 年出生的蘇格蘭在校學童都做了第十二版的莫雷測驗。這稱為 1947 蘇格蘭心理調查，當時一共有 70,805 名學童接受測驗。

在 1960 年代之前，這些蘇格蘭心理調查因為是對幾乎整年度的出生人口進行測驗，其樣本規模在學界可說是無可比擬。一些學術書籍出版了他們的統計數據。然而，隨著這

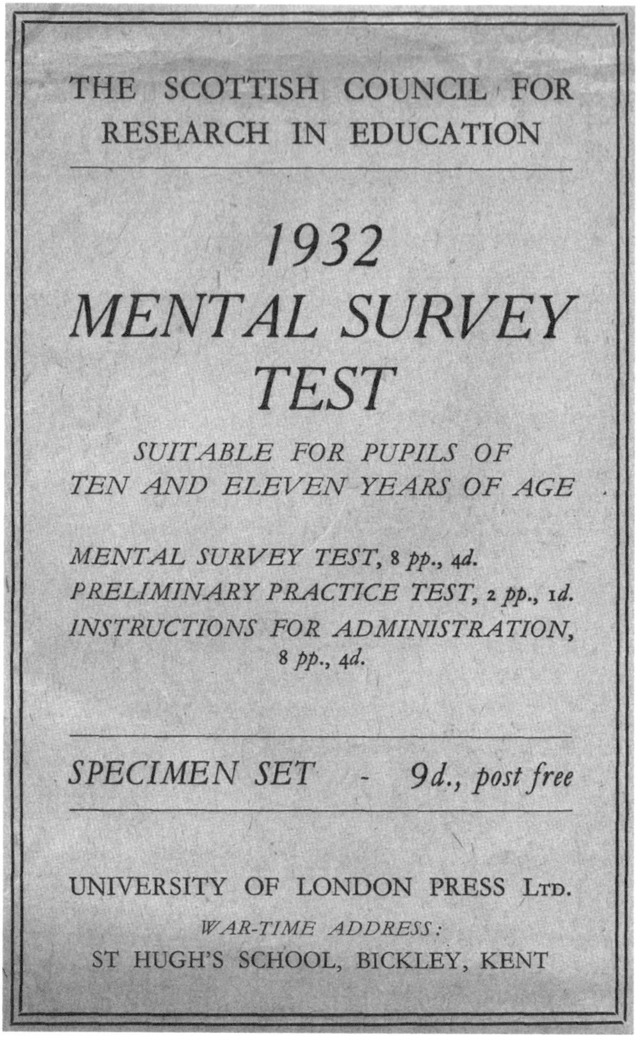

THE SCOTTISH COUNCIL FOR
RESEARCH IN EDUCATION

1932
MENTAL SURVEY
TEST

SUITABLE FOR PUPILS OF
TEN AND ELEVEN YEARS OF AGE

MENTAL SURVEY TEST, 8 pp., 4d.
PRELIMINARY PRACTICE TEST, 2 pp., 1d.
INSTRUCTIONS FOR ADMINISTRATION,
8 pp., 4d.

SPECIMEN SET - *9d., post free*

UNIVERSITY OF LONDON PRESS Ltd.
WAR-TIME ADDRESS:
ST HUGH'S SCHOOL, BICKLEY, KENT

圖 8 1932 蘇格蘭心理調查所用的莫雷測驗的封面。

些 1932 年調查的 11 歲孩童進入中老年，這些資料數據也都塵封在愛丁堡的許多閣樓和地下室中，乏人問津。研究人類智力差異的心理學家幾乎都忘了還有這兩份在 1932 年和 1947 年的蘇格蘭心理調查。

在一連串的機緣巧合下，我得知這些調查，並與當時在亞伯丁大學（University of Aberdeen）的勞倫斯‧惠利（Lawrence Whalley）教授一起合作，試圖找出這些資料。他的妻子派翠西亞（Patricia）追查到這些數據資料當時存放在位於愛丁堡聖約翰街的蘇格蘭教育研究委員會，就在他們辦公室的地下室裡，全都鎖在檔案櫃中。這批在 1932 年調查的歷史數據，六十多年來都保存在一排分類夾中，是由 1930 年代的教師以工整的筆跡抄寫下來的。1947 年調查的數據也在那裡，而且裝訂成冊，還經過打字列表。蘇格蘭每個地區都有一本分類夾。一地區的每間學校都在分類夾中有自己的頁面。分類夾中的每一行都包含一個學生的姓名、出生日期和他們第十二版莫雷測驗的一般智力分數。

勞倫斯和我真的是一邊吹這些分類夾上的灰塵時，一邊意識到這些數據的價值。近年來，西方世界的人口發生了變

化，老年人口的比例攀升。要在老年維持高生活品質的一項
預測因素就是避免認知能力下降。但是，要研判是否有保住
他們的智力，必須要先知道他們在年輕健康時的認知功能。
儘管有一些研究追蹤人的智力隨年齡增長的變化，但過去沒
有一項研究將兒童時期的智力與老年時期的智力做比較。換
言之，沒有人研究過人在經過這麼長一段時間後智力發生的
相對變化。重新發現 1932 年和 1947 年的蘇格蘭心理調查數
據後，我們看到探討這問題的可能性，這些資料有可能讓我
們探究幾乎整個生命歷程的個人智力變化。然而，要進行這
樣的比對研究，我們得找到在 1932 年和 1947 年出生的這批
長者。

後來，我們確實追蹤到當年參與蘇格蘭心理調查的一
些受試者。第一個想要探討的問題就是從 11 歲開始到老年
的智力穩定性。由於在 1990 年代後期，這批受試者年事已
高，所以我們的研究是從較早的那批 1932 調查的受試者
開始，也就是在 1921 年出生的人。我們試圖找到一些當
年參與 1932 蘇格蘭心理調查而且目前身體無恙的受試者。
除了在各大媒體刊登尋人廣告，研究人員也經由他們的一

般科醫師與其聯繫。我們先在亞伯丁展開小規模的追蹤，建立起 1921 年和 1936 年的亞伯丁同齡群（Aberdeen Birth Cohorts）。然後再擴展到愛丁堡，進行更大規模的研究，建立起 1921 年和 1936 年的洛錫安同齡群（Lothian Birth Cohorts）。在 1998 年 6 月 1 日上午，我們借用了亞伯丁的音樂廳，將其設置為考場。我們取得 1932 年使用的第十二版莫雷教育學院測驗原件的副本，加以重印，不過稍微修改了一點當中兩題不合時宜的題目。在他們第一次參加測驗後，到這一天剛好過了時整整 66 年，那一天有 73 人來參加，再次做一遍他們小學時所做的測驗（圖 9）。我大聲朗讀指示，完全按照 1932 年那些監考教師的步驟，測驗時間同樣也是 45 分鐘。幾週後再進行一次，我們的樣本人數增加到 101 人。

結束這項測驗活動時，我們得到同一群人在 11 歲和 77 歲做同一項智力測驗的分數。經過這樣一段幾乎涵蓋人類生命歷程的漫長時間後，測驗成績會有多少差距？這問題的答案不僅有趣，可能還很有用。如果有人的分數即使在年老後仍然表現很好，他們可能會為我們提供一些成功進入老後生

活的經驗。

圖 10 顯 示 比 對 的 結 果。 這 是 一 張「 散 點 圖 」（scattergram），就是數據點散布的圖表；這裡是以叉狀符號（×）表示。圖中的 33 個×代表上述 101 人中的成績，每個×至少代表一人。×是一個人在 11 歲和 77 歲時做第十二版莫雷教育學院測驗的原始分數的組合。這些不是智商分數。這項測驗的滿分是 76 分。×在橫軸上的距離表示一人在 11 歲時第一次參加智力測驗的分數；在縱軸上的距離表示此人 77 歲第二次參加智力測驗時的分數。圖中的對角線代表智力測驗分數完全穩定，不隨時間變動的情況，這時所有的×都會沿著這條線分布；也就是說，如果每個人在兩次智力測驗都得到相同分數，那麼所有的×都會落在這條對角線上。

結果所有的×都沒有落在那條對角線上，全都偏離了完全穩定的模式，這反映在兩方面。首先，大多數的×是落在對角線的上方。這代表大多數人第二次的測驗成績更高，也就是說長時間下來，平均而言，這個群體的成績有所提高。77 歲的人在第十二版莫雷團體智力測驗中的平均成

圖 9　1932 年蘇格蘭心理調查受試者的照片，他們在 66 年後回來參加他們 11 歲時在 1932 年 6 月 1 日進行的同一份心理測驗。地點是在亞伯丁的音樂廳。日期是 1998 年 6 月 1 日。（經 DC Thomson & Co Ltd. 許可使用，© Aberdeen Journals Ltd）

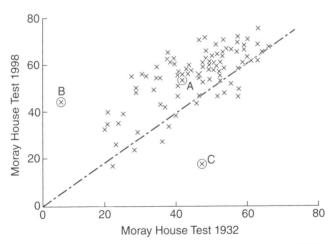

圖 10　以散點圖比較在 1932 年（11 歲時）和 1998 年（77 歲時）進行莫雷團體智力測驗的成績。有些 × 代表不止一人。

績比 11 歲時還要好。不過，這並不是結果中最有趣的部分。

第二點是，╳的分布模式是從圖表的左下角往右上角而去；在左上角或右下角並沒有很多╳。但存在一些差異，因此相關性並不算完美。有些人的成績比第一次好，有些人比較差，但第一次成績好的人，通常第二次還是表現得比較好。這是一項重要發現：在很大程度上，在 1932 年的智力測驗中表現出色的人，在 1998 年的成績也往往很不錯。那些在兒童時期表現較差的人，在年老後的成績往往也是墊底。大多數人都落在一條代表分數整體上展現一致性的線上。11 歲與 77 歲的得分相關性為 0.63，這算是很高的相關性。但在這裡還有另一個技術性問題要考量，我們在 1998 年找回來參加測驗的人並不能完全代表過去的受試者人。平均而言，他們在智力測驗中的得分高於整個群體，而且個體間的分數差異並不大。分數範圍的縮減降低了我們與真實值的相關性；在 66 年的時間裡，實際上的關聯性看來更接近 0.7 而不是 0.6。

看這些人從童年到老年的智力變化其實挺有趣的。圖 10 中有標記為 A、B 和 C 的╳記號。A 是在 11 歲和 77 歲

時的得分接近平均。B 和 C 這兩人在 1932 年和 1998 年的成績出現巨大變化。B 在 1998 年大約達到平均分數，但在 66 年前在學校測驗時分數卻很低，因此從童年到老年，他的排名提高了很多。C 在 1932 年的得分大約是平均水平，但當我們在 1998 年進行測驗時，C 的得分最低，這顯示他的相對表現急劇下降。遺憾的是，我們後來發現圖 10 中的 C 其實處於阿茲海默症的早期階段。

從那時起，我們繼續這項關於終生智力相關性的研究，追蹤蘇格蘭心理調查的受試者。1921 年的洛錫安同齡群一共有 485 人，他們分別是在 11 歲和 79 歲時接受測驗，兩次的相關係數為 0.66。當 1921 洛錫安同齡群達到 90 歲時，再次進行了第十二版莫雷團體智力測驗；11 歲和 90 歲智力測驗分數的相關性為 0.51。在 1936 年的 1,017 名洛錫安同齡群中，11 歲和 70 歲時的莫雷團體智力測驗成績的相關性為 0.67。整體來看，我們確實在童年和老年智力分數間發現關聯，這層關係會重複出現在不同樣本群間，而且是高度相關；這個數值相當接近 0.7。

這些結果有什麼含義呢？先來考量相關性接近 0.7 這

一點，這表示 11 歲的測驗成績約莫可以解釋老年時成績差異的 50%。在統計方法上，將相關性的數值加以平方，便會得到兩個年齡層的變異數比例，在這個例子中，就是那 50% 的成績差異（0.72=0.49，約 50%）。換言之，若是將智力測驗分數按高低排序，人在童年和老年時的排名算是相當穩定。然而，還有另外 50% 需要考慮。這表示在老年時，個體間的智力測驗分數差異有將近一半的因素並不是由童年時期的智力所決定。從童年到老年，人的智力排名順序會上下移動。這正是我的研究團隊主要研究的一個方向，我想找出在青少年時期尚不存在但會影響老年智力的可能因素。其中一個是測量誤差；無論是在童年時期還是在老年時期，都無法完美地衡量智力。然而，有 50% 的老年人智力差異無法用青少年時期的測驗成績來解釋，這表示應該有除了兒童時期智力之外的因素在影響老年智力的差異。是否有其他諸如生活方式、醫療、遺傳等因素可以幫助某些人的大腦在老化過程中比其他人適應得更好？再回頭去看一下圖 10，看看底部的分數，比方說 40。現在，從那裡沿著垂直方向移動，可以看到分數在 40 左右的孩童在年長時的成績到老年時的成績分布範圍很大。今日研究人員的一項主要任

務便是找出箇中原因，何以童年成績相同的人在年長時會比其他人表現的更好或更差。

「人類從青少年到老年的智力變化，是否存在有個體差異？」這問題的答案是肯定的。接下來，我們想要弄清楚這其中的原因。

預防老化時的認知衰退

我們現在要探討的是何以有些人的智力在老化過程中維持得比其他人好。在這問題上，最好不要使用任何單一的數據集。有許多因素可能會造成老化時更嚴重的認知能力衰退。也有些因素可能有助於防止或抵抗某些惡化因素。目前沒有一項研究可以涵蓋所有的因素。此外，大多數研究都是觀察性的，也就是說，他們查看的是潛在風險或保護因素與老年認知功能或老年認知變化間的關聯。但是，這類觀察結果通常是不能轉化成因果關係的。比較扎實的研究設計則包含有隨機對照試驗，會將受試者隨機分配到一種或另一種處理中，或是沒有任何處理。比方說，如果想知道運動是否有

助於減緩認知功能隨年化下降的速度,那麼可能會將一些人分配到有運動方案的實驗組,另一些人則不安排運動。這類型的研究並不多,而且無法針對每一種可能因素進行這樣的研究。例如,若是想知道吸菸是否對老化時的認知能力有害,我們再怎麼樣也不可能安排某些人去進行吸菸的試驗。

　　觀察性研究還有另一個「干擾」(confounding)問題。我的同事珍妮・柯利(Janie Corley)所進行的 1936 年洛錫安同齡群研究便可說明這一點。在一項研究中,我們在這批受試者 70 歲時,詢問他們喝多少酒,以及酒的種類。調查結果發現他們都是適度飲酒,並沒有酗酒的習慣。之後,我們還計算了他們每天喝的酒精平均標準量。我們發現那些酒喝較多的人往往在一般智力、處理速度和記憶力方面得分較高。儘管這其中的關聯不大,但依舊有統計的顯著性,而且是一致的,還跨越性別。當我向科學界和大眾提出這一結果時,他們往往會歡呼。但他們高興得太早了,他們忘記了 1936 年洛錫安同齡群在 11 歲時的智力測驗。若是把 11 歲的成績納入考量,再來看看飲酒與 70 歲時認知功能的關聯,會發生什麼變化呢?這時我們實際上在問的是:飲酒

是否與從童年到 70 歲的智力變化有關？在這樣的處理後，之前發現的關聯性基本上消失了。在 70 歲時的飲酒量與略高的智商間存在有輕微的關聯，乍看之下，酒精似乎反而讓人維持頭腦敏銳。但其實並非如此，實際上是較聰明的孩童在 70 歲時也通常比同齡人聰明，並且多有喝酒（適度）的傾向。這就是干擾因素，也就是說，在這項比對中，70 歲時的飲酒習慣與智力之間的關聯性其實有受到 11 歲時智力測驗分數的干擾。在男性受試者間，70 歲時不飲酒的人，他們兒時的平均智商為 96，低度飲酒者的 11 歲平均智商為 98，適度飲酒者的 11 歲智商為 104。11 歲時的智力測驗成績與 70 歲時的飲酒量之間存在有小的正相關（0.19）。這當中相關性最強的是 11 歲時的智力與 70 歲時喝的紅酒量之間的關係（0.25）。另一項結果是，從事專業工作的人在整體上也有喝更多酒的傾向（相關性 =0.16），其中紅酒最多（相關性 =0.29）。也就是說，70 歲時的飲酒量與智力之間的關聯可能受到生活史／生活方式這方面的影響。也就是說，較聰明的孩童可能受教機會更多，進而從事更專業的工作，而這可能導致他們進入一種會長期適度飲酒的生活方式，尤其是紅酒（我個人推測可能還有琴通寧這種調酒）。

　　現在我們在回過頭來問：「為什麼有些人在老化過程中，智力維持得比其他人來得好？」布蘭達．普拉斯曼（Brenda Plassman）對這一主題進行了系統性的文獻回顧。她的團隊找出過往的觀察性和干預性研究，這些研究不是在尋找促成認知衰退的風險，就是在找預防認知衰退的各項因素的證據。他們的這份回顧性研究不是一項後設分析，因為這些研究各不相同，無法彙整起來重新分析它們的結果。她最後找出 127 項觀察性研究報告、22 項隨機對照試驗報告和 16 篇過去的文獻回顧。這些研究中使用的認知能力各異，有的是在第一章中提到的一般智力因素（來自於幾個不同的測驗），有的是單一認知功能和相當粗略的估計。因此最後難以總結一個明確的結論。這不是普拉斯曼團隊的錯，而是因為這項研究很零散，也缺乏一致性。

　　在觀察性研究中，普拉斯曼發現有證據顯示，在第 19 號染色體上帶有特定版本（E4 對偶基因）脂蛋白酶元 E（Apolipoprotein E，簡稱 APOE）基因的人（約占人口的四分之一）在老年時期的認知能力往往下降的幅度較大。這種遺傳變異是失智症的一項危險因素，而且在沒有失智症的人

身上，似乎也是導致認知老化較為迅速的一項危險因素。她還發現，認知老化加劇的可能風險因素包括吸菸、憂鬱和糖尿病。有一些證據顯示，可以防止認知能力急劇下降的因素則有：地中海飲食、多吃蔬菜、從事專業度高的職業以及參加一些休閒活動。

有些因素同時有觀察性研究和隨機對照試驗，當中的一些證據顯示更多的身體和腦部活動在一定程度上可能有防止嚴重認知衰退的效果。

認知老化的研究是目前人類智能領域中最活躍，也是最有趣的一個研究方向，這同時也是一大問題，因為老年人在人口結構中的占比越來越高，而且人類壽命越來越長。

第三章

智力有
性別差異嗎？

我其實找不到什麼很好的科學理由來提出這個問題,但我知道很多人都對此感興趣。我知道這問題的爭議性很大。在研究任何關於智力的性別差異時,我第一個要問的是:是否有能夠代表人群中男性和女性的受試群體?在我看來,幾乎所有關於男性與女性平均智力的研究都會因為性別比例無法代表整體族群而失敗。好比說參加這類研究的女性居多。似乎很難找到一項研究能夠代表實際人群中的男女比例,除非這項研究招募的是整個人群。

1932 蘇格蘭心理調查

在第二章曾提到 1932 年的蘇格蘭心理調查。之前提過,這批受試者都是在 1921 年出生,而且當時幾乎所有在那一年出生的蘇格蘭人都做了測驗。因此我們可用這份調查中的所有數據來比較男女智力差異。

首先,從這份智力測驗所使用的題型開始。這項調查主要是以第十二版莫雷團體智力測驗來進行,不過另外還加了兩項非語言測驗,題目中沒有使用文字,因此就是連不會讀

寫的孩童也能完成。在「第一圖片測驗」中，將五個日常物品以直線連接到與 1 ～ 5 的數字。要求兒童使用這份檢索在一頁紙上寫出 40 個以下這些物品相連的正確數字。要求他們在 1 分鐘內盡量寫，完成越多題目越好。大多數孩童都得到完美的成績。「第二圖片測驗」中有兩個練習題和七道測驗題。每道題的左邊有三幅線條圖，右邊是五樣物件，排成一排。一個練習題的左邊有雪花、水仙花和番紅花。右邊是瓶子、杯子、玫瑰花、刷子和剪刀。他們要求孩童從右邊五樣東西中選出「最像左邊那三個的」。孩童有 2 分鐘的時間來完成七道測驗題。這是一個簡單的測驗，大多數孩童都得到滿分。接下來，我們將孩童在第十二版莫雷團體智力測驗、第一圖片測驗和第二圖片測驗的這三項測驗分數相加，並且將分數轉換為均值為 100，標準差為 15 的智商（IQ）量表。

其次，因為樣本群越是接近 1921 年出生的總人口越好，這點對研究很關鍵，所以我們也應該知道這個樣本群有多接近實際人群。當年一共有 87,498 名兒童參加了 1932 蘇格蘭心理調查的測驗，但是費非（Fife）、偉格鎮

（Wigtown）和安格斯（Angus）的明細表不見了。不過這不會影響其餘受試者的性別代表性。在可用的數據集中，有 86,520 名兒童，共有 79,376 名兒童（39,343 名女孩和40,033 名男孩）在三項智力測驗中均有得分，而且在兩項圖片測驗中均未獲得零分。1932 蘇格蘭心理調查當時測驗了大約 95% 在 1921 年出生的人，測驗當時是 11 歲。而我們研究中的數據約是這 95% 的 91%，也就是說，我們研究的樣本群大約是有整個同齡群的 86%。

這已經是所有智力測驗樣本群中最接近整個族群的。樣本群有將近四萬名男孩和女孩，這會具有很高的敏感性，若是以統計的用語來說，這代表著檢定力（power），即使性別平均智力差異非常小也可以檢測到。在蘇格蘭，幾乎所有11 歲的兒童都在接受小學教育，在這個年齡還沒有進行分科教學。

我建議現在很快回去看一下圖 5，再複習一下平均值和標準差。在比較女孩和男孩時，我們可以問平均值是否相同，即一組的平均智力測驗分數是否高於另一組。我們還可以問標準差是否相同，在圖 5 中，這等於是在問男女兩組的

鐘形分布曲線是否比有一組更窄或更寬。鐘形曲線較窄表示接近平均值分數的人多，分散在極端值的少。而較寬的鐘形曲線則代表著接近平均分數的人較少，往高低兩端得分較多。

在收集到數量這麼多的男孩和女孩的成績後，我們發現，他們的平均智力得分沒有顯著差異。女孩的平均智商得分為 100.64，男孩為 100.48。在那個幾乎涵蓋所有群體的資料中，得出的結果是，男女的智商是一樣的。

不過，之後發現了一個轉折。我們注意到男孩和女孩的分數分布不均。平均分數是一樣的，然而，男孩的標準偏差為 14.9，而女孩僅為 14.1。這種分布差異具有統計意義。女孩的分數更往平均分數附近集中；處於極端值的男孩比例較高。讓我們再仔細研究一下這種智商分數分布的性別差異。

圖 11 展現出男孩和女孩在智力測驗分數上的差距。為了顯示這一點，我將男孩和女孩依智商分數分成幾組。沿著圖表底部的橫軸，以分數來表示各組。在低分端，有一組智商得分在 50 ～ 60 之間。在最高分端的智商得分則是在

130 ～ 140 之間。在這兩者之間，每組的智商差距是 5 分，
也就是說，接下來的分組是 60 ～ 65，65 ～ 70，以此類推
一直到 125 ～ 130。正如我們所預期的，智商呈鐘形分布，
得分在平均值附近的人比處於高低兩端的人數要來得多。人
數是以圓圈旁的數字表示。接著，我們再來看每個智商組有
多少男孩和女孩。請看一下圖 11 的中間那一組，也就是得
分介於 90 ～ 110 之間。請注意，每個黑白圓圈旁的數字都
很大，不論男女。在這個平均值區間內的男孩數不到全體的
一半（48.7%），而女孩則高於一半，這樣的差異（性別差
距）只有百分之幾。現在，往兩個極端看去，可以看到這些
區間的白色和黑色圓圈旁的男女人數較少。這原本就是我們
在極端分數區所期望的，也就是依循鐘形曲線分布。在不
到 60 分的最低分數那一組中，男孩占 58.6%，性別差距為
17.2%。在最高分的 130 ～ 140 區間，男生占 57.7%，性別
差距為 15.4%。

在這個幾乎包含所有同齡人的龐大數據集中，11 歲的
男女在平均智力上沒有差異。然而，智商的分布卻存在有性
別差異。在女孩中，接近平均分數的較多。男孩的智商分數

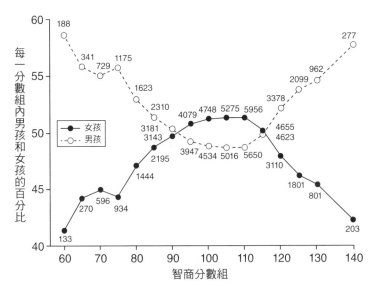

圖 11　IQ 得分範圍在每個 IQ 得分範圍內的女孩和男孩數量（標示在每個圓圈旁邊）和百分比（左上角）。這幾乎是 1921 年出生並在 1032 年 6 月 1 日上學的所有蘇格蘭人。他們參加了 1932 年的蘇格蘭心理調查。請注意，女孩在平均分區間的比例略高，而男孩則是在高低分區間略高。（經 Deary, I. 等人（2003）許可轉載：Deary, I. et al.. Population sex differences in IQ at age 11: the Scottish mental survey 1932. Intelligence, 31(6), 533–542. Copyright©2003 Elsevier Science Inc. 版權所有）

分布則較極端，在低智商和高智商區間的比例較大。

　　沒有任何一個數據集可以讓人輕易下結論。不過我們可以據此提出一些問題。這些是很久以前的數據：在最近的研究中是否有發現同樣的結果？這些是 11 歲孩童的數據，在青春期過後會如何？這些是一般智力測驗的數據，若是針對特定類型的心智能力來測驗，會得到同樣的結果嗎？下面我們會一一回答這些問題。

1979 全國青年縱向調查

　　我們會用這個樣本群來研究晚近時期男女在一般智力方面的差異，主要是青春期後的年輕人。因此，這項調查可以回答上面針對 1932 蘇格蘭心理調查研究所提出的兩個問題。1979 全國青年縱向調查（National Longitudinal Survey of Youth 1979）的總部是在美國，它的數據可供世界各地的研究人員使用。

　　參加這項研究的受試者年齡是在 14 ～ 22 歲之間，他們在 1979 年 1 月 1 日參加測驗，總共有 12,686 人。這項測驗

在設計上是希望受試者能代表美國非社福機構收容的年輕族群。我們本來就不期待這個樣本群能代表全美的年輕男女。我們發現受試者中有很多是兄弟姐妹，因此可以挑選異性的兄弟姐妹來比較智力的性別差異，這無異是巧妙地控制許多可能會造成男女取樣偏差的問題。比方說，選擇兄弟姐妹來比較時，他們的家庭背景和一定程度上的遺傳因素都相去不大。在檢視這份 1979 全國青年縱向調查數據集後，我們發現了 1,292 對兄弟姐妹。他們的平均年齡相近，女性為 18.4 歲（標準差 2.1），男性為 18.4 歲（標準差 2.1）。

在這項調查中，受試者會參加一項名為「軍勤職業性向測驗」（Armed Services Vocational Aptitude Battery）的智力測驗。這當中一共有十個題型：科學、算術、詞彙知識、段落理解、數字運算、編碼速度、汽車和商店資訊、數學知識、機械理解和電機資訊。我們會根據這十項測驗的成績，為每個人估算出一個綜合智力分數。我們注意到當中有幾項測驗的題目偏向實用技術。因此，後來我們只以算術推理、詞彙知識、段落理解和數學知識這四個不太有職業取向的測驗成績來估算綜合智力分數。這份題型較少的測驗稱為

「參軍資格測驗」（Armed Forces Qualification Test）。女性在某些測驗中得分較高，而男性則擅長其他類型的測驗。不過，我們的主要目的是研究兄弟姊妹在一般智力方面的差異。

在題型廣泛的「軍勤職業性向測驗」和刪除掉幾種題型的「參軍資格測驗」中，男性的一般智力平均分數較高，但差距非常的小，標準差也不到十五分之一，也就是不到智商計分中的 1 分。我認為這樣的差距微不足道。

比較顯著的差異在於分數的分布。男性的分數比女性的更分散。軍勤職業性向測驗的男女標準差比例為 1.16，資格測驗則為 1.11。這個結果與針對 11 歲兒童的 1932 蘇格蘭心理調查一致，這些晚近出生在北美州的青少年展現出相同的分數分布模式：儘管平均成績相似，但男性智力測驗分數中拿到高低極端值的人數皆多於女性。我們進一步查看參軍資格測驗的前 50 名，這個區間約占總體的前 2%，當中有 33 名男性和 17 名女性。

認知能力測驗三的樣本群

現在，我們再回到英國，去查看另一個更新的取樣資料庫。這項測驗可以區分不同的智力領域以及一般智力。

這個數據集來自英國 2001 年 9 月至 2003 年 8 月的學校測驗，是一個可以代表英國 11 ～ 12 歲學齡兒童的大量數據集。在這段期間，有超過五十萬兒童參加了這項「認知能力測驗三」（Cognitive Abilities Test 3，簡稱 CAT3）。大多數孩童參加的是 D 級考試，這是設計給中學一年級 11 ～ 12 歲兒童的測驗，男孩和女孩的平均年齡為 11 歲又 7 個月（標準差為 4.4 個月）。總樣本量是 324,000 名兒童，分別來自 1,305 間學校。這是數量大約是全英國這個年齡層的一半。就性別、考試入學生的比例，公費生（校餐免費）的比例，少數族裔的比例以及非英語母語者的比例來看，這項認知測驗的受試者的組成比例與英國所有的學校非常相似。

這項認知測驗有九大題型。針對語言推理、數學推理和圖形推理這三項認知領域都各設計有三種題型。從三項領域的平均分數計算出一般智力分數。因為我們現在關注的是男

女在認知領域以及一般智力的差異,所以先了解一下每個領域中的認知測驗也很重要。下面是一些題目的例子,取自史蒂夫·史川德(Steve Strand)的一篇文章。

語言推理有以下測驗:

語言分類

題目範例:「下面是一組同類的三個單詞,請從後面一組五個單詞中選出與前面這組單詞同一類的(例如:眼睛、耳朵、嘴巴:鼻子、氣味、頭、男孩、說話)。

完成句子

題目範例:「從五個單詞中選出一個單詞來完成一個句子(例如,約翰喜歡_____一場足球比賽:吃、幫助、看、讀、說)」。

口頭類比

題目範例:「根據第一對單詞的關係,在下面五個選項中挑出一個完成第二對單詞(例如大→大的;小→?:男孩、小的、晚、活潑、更多)」。

數學推理有以下測驗：

數字類比

題目範例：「找出前兩數字間的關係，並從五個選項中挑出一個來完成第三對（例如〔9→3〕〔12→4）〕〔27→？〕：5、9、13、19、21）。

數列

題目範例：「從五個選項中選一個來完成數列（例如2、4、6、8、→？：9、10、11、12、13）」。

方程式構建

題目範例：「以下面所給的元素來組成一個方程式，選項中有一個答案符合計算的結果（例如2、2、3、+、×：6、8、9、10、11）」。每個元素只能使用一次，而且只有一個正確答案。

圖形推理有以下測驗：

圖形分類

題目範例：「假定這一組三個形狀為同類，根據同樣的邏

輯，從下列五個選項中，選出屬於同一類的形狀」。

圖形類比

題目範例：「就這一對形狀來看，從下列五個選項中找出一個來完成第二對」。

圖形分析

題目範例：「在將這張紙折疊後，於紙上打孔。展開後這張紙會是什麼樣子？」

　　首先，讓我們先來看男孩和女孩在平均分數上的差異。由於這測驗的樣本量非常大——大約是三十三萬名兒童——幾乎任何微小的差異都具有統計顯著性。事實上，男孩與女孩的差異在這三個認知領域和一般認知測驗分數上都很顯著。女孩的語言推理能力比男孩高出 0.15 個標準差，在智商量表上相當於略高 2 分。男孩在數學推理方面的表現比女孩好 0.03 個標準差，這反映在智商上，將近 0.5 分；不過女孩在圖形推理方面的表現則比男孩好，差異大約與數學推理相同。女孩的認知測驗總平均比男孩高出 0.05 個標準差，在智商上大約是 0.75 分。因此，總體來說，分數存在一些

小差異，但大多數情況下女孩比較好。

　　接著我們再來看分數的分布。男孩的標準差在所有三個領域和整體認知測驗分數（即一般智力）上都比較大。在語言推理測驗中，女生的標準差是 14.5，男生是 15.1。在數學推理方面，則是 13.8 比 15.0，而在圖形推理上，是 13.9 比 14.8。而在代表一般智力總分的整體表現上，男孩的標準差為 13.5，而女孩則為 12.7。我們仿照圖 11 的圖表製作出圖 12。在這裡，我們將認知測驗分數，轉換成以標準分數（stanine）為單位，一共有九組，這稱為「標準九」。整體來說，中間群的人數比邊緣群要多。先看右下角，也就是第三版認知測驗的總分。這跟之前在 1932 蘇格蘭心理調查中發現的一樣，在這份較晚近的大型同齡層樣本中，相似的模式再度出現。也就是說，在中間的平均分數區間，女孩的比例比男孩高，而男孩在極端分數區間所占的比例則偏高。不過，這曲線看起來並不是對稱的；在標準九中，前 2 分和後 3 分的區間都是男孩多於女孩。在圖形推理測驗中也出現類似的狀況。在數學推理方面，在最高的前 3 分，和最低的後 2 分，都是男多於女。語言推理則展現出不同的模式，在前

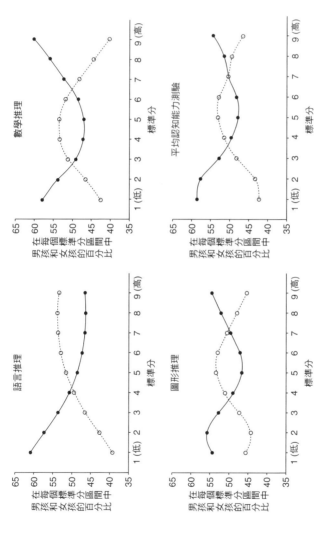

圖 12 在認知能力測驗的標準圖九圖表中，每個分數段的男孩（實心圓圈）和女孩（空心圓圈）的百分比。右下角的圖是其他三項得分的平均分數，也就是一般心智能力（g）。（經 Strand, S. 等人許可轉載：Strand, S. et al. (2006). Sex differences in Cognitive Abilities Test scores: A UK national picture. British Journal of Educational Psychology, 76(3), 463–480. ©The British Psychological Society.）

5 分區間的女孩比例較高多，而後段區間的女孩比例較少。因此，在語言推理上，女孩整體的表現較好，而且在最高分的區段也沒有出現男孩更多的趨勢。

在這三項研究中，我們發現幾乎沒有證據顯示男女在孩童或青少年時期的平均智力有任何差異。不過，若是只關注平均值就會忽略掉隱藏在其中的有趣差異。整體而言，以一般智力來看時，女孩的平均分數略高於男孩，而在較高和較低的極端區間，則是男性的比例高於女性。這樣的結果，出現在幾十年前和最近的調查，而且是以不同的測驗來量測，還是分別在美國和英國進行。在這些認知領域中，僅有語言推理一項出現不同的模式：得分較高的女孩較多。

本章結語：千萬不可假設這些智力測驗分數標準差中的微小差異，足以解釋為何在某些職業中男性或女性比例偏高的原因，這必須要再進行專門的研究和佐證。此外，在第七章我們將會看到，女性具有一些特質可以將相同的智力轉化為比男性更好的學歷表現。

第四章

環境和基因對智力差異各有什麼影響？

在前三章，我們探討了造成智力差異的種種起源。而在第五和第六章，我們將會探討聰明人的大腦是否真的運行得比較快，以及他們的智力特徵是否反映在大腦結構上出。在此之前，在本章我們先來討論基因遺傳和環境經歷是否會影響到人的智力差異。在這方面，研究人員主要利用兩大類的研究資源來回答這個問題：雙胞胎和去氧核糖核酸（deoxyribonucleic acid，以下簡稱 DNA）研究。

雙胞胎

雙胞胎有兩種類型，一種是同卵（由一顆卵子發育出來），一種是異卵（由不同的卵子分別發育）。由於同卵雙胞胎是從同一顆受精卵發育而來，因此具有相同的基因組成，因此性別也相同。異卵雙胞胎是由兩顆不同的卵子發育而成，這兩顆卵子也是由兩顆不同的精子受精；因此，他們就像兄弟姐妹一樣，共享一半的基因組成，而且他們的性別不見得相同。這兩類雙胞胎等於是一場由大自然設計的實驗：在兩個同齡人中，有些人的基因組成完全相同，另外一些人則是共享一半的基因組成。

透過雙胞胎研究，科學家想要解決的問題是：人在一性狀（trait）上的差異，有多少是來自環境？又有多少是由基因差異造成的？性狀是指任何一個可以衡量到的，例如血糖濃度、身高、體重、禿頭、外向或智力。基因的效應通常以小寫英文字母「a」表示，這是來自「基因累加性作用」（additive effect of the genes）的英文首字母。在雙胞胎研究中，通常將環境分為兩個方面：共享和非共享。共享環境有時稱為「共同的」（common）環境，取小寫英文首字母簡稱寫為「c」。而非共享環境則簡寫為「e」。共享環境是指雙胞胎共享的環境層面，最明顯的是家庭，例如擁有相同的父母，並在同一家庭中長大。他們也可能去上同一所學校，遇到一些相同的老師。非共享環境是指雙胞胎沒有共享到的環境層面。比方說，他們可能罹患過不同的疾病，可能結交不同的朋友，受教過程可能有出入。

在雙胞胎研究中，研究人員會假設，基因、共享環境和非共享環境都可能導致人的特徵差異，因此會以雙胞胎當作樣本群，由此來估計這三項因素所占的比例。他們進行這項分析的統計技術，有些非常先進複雜，雖然我們不是統計學

家，但也能理解其中的要點。這當中最關鍵的便是雙胞胎之間的相關性。

通常，相關性（correlation）是在同一人身上測量兩個屬性間的關係。我在本書最後的附錄（第 229 頁）中有詳加解釋相關性。在那裡，我是用一人的身高和體重的測量值當做例子。每個人都有一組身高和體重的測量數字。要問身高較高的人是否往往體重比較重，就會看這兩者的相關性。這通常是以兩行的表格來表示，每個人是表格中的一列。再比對雙胞胎間的相關性時也是如此，只是稍微做了一點變動。主要差別在於我們比對的是兩個人，當一對雙胞胎中的一個成員在某項特徵上得分很高時，我們會去測驗的是另一位，看看得分是否也很高。就拿量身高來說，會先選出每對雙胞胎中的一位，列出他們的身高，然後在下一欄列出每對雙胞胎中的第二位的身高。這時，我們的兩欄數字就是每對雙胞胎的身高。另外還有一項變動：我們會將同卵雙胞胎和異卵雙胞胎分開列表，這樣就可分別看出同卵以及異卵雙胞胎之間某一特徵的相關性。比較這些相關性，就可得知同卵和異卵雙胞胎在一特徵上的相似程度。

在繼續探究雙胞胎相關性能夠透露給我們關於基因
（a）、共享環境（c）和非共享環境（e）對其性狀差異的
影響前，先回顧一下這其中的異同會很幫助。首先，同卵
雙胞胎具有相同的遺傳物質，而異卵雙胞胎僅共享 50% 的
遺傳物質。其次，我們會假設同卵雙胞胎和異卵雙胞胎的共
享環境是相似的。第三，根據定義，非共享環境對於同卵雙
胞胎和異卵雙胞胎中的每個人都是完全不同的。因此，我們
可以用簡單的方程式來描述雙胞胎成員之間的相似性。在同
卵雙胞胎中，兩者的相關性是由相同的基因和相同的共享環
境組成的，這種相似度可用 1a+1c 來表示。而在異卵雙胞胎
這邊，兩者間的相關性由 50% 的共享基因和相同的共享環
境組成，因此相似性是以 1/2a+1c 來表示。也就是說，我們
假設共享環境（c）對這兩類雙胞胎的影響都相同。另外，
還要注意的一點是，這樣的方程式代表我們也假設遺傳相似
性對同卵雙胞胎的影響是異卵雙胞胎的兩倍，而這便是兩類
雙胞胎之間的唯一區別。因此，將同卵和異卵相關性的差異
加倍，就可以簡單估算出遺傳對性狀差異的影響程度；這個
數字代表的是遺傳效應在一特定性狀上造成差異的比例。再
來，由於因為同卵雙胞胎之間的相關性包含所有的遺傳和共

享環境效應,因此要估算非共享環境效應的大小(比例)時,可以用 1 減去同卵雙胞胎之間的相關性,這等於是們將同卵相關中的遺傳效應拿掉。

下面是一個實際運算的例子。假設我們測量了一個性狀,其同卵相關性是 0.6,異卵相關性為 0.4。那麼其遺傳效應(a)就是 0.4,即這兩項相關性之間差異的兩倍(2×(0.6-0.4))。這告訴我們,這個性狀有 40% 的差異是來自於遺傳差異。接下來估算非共享環境效應(e),這是將 1 減去同卵相關性(1-0.6),得到 0.4。這告訴我們,就這一項性狀而言,有 40% 的個體差異來自於非共享環境。最後是計算共享環境效應(c),即將同卵相關性扣除掉遺傳效應(0.6-0.4),得到 0.2。這表示在這一性狀上,有 20% 的差異是由共享環境中的差異造成的。

雖然使用這些同卵和異卵雙胞胎相關性計算所得到的答案不算太差,不過現在已經有更全面的統計模型可用。這些統計程序將估計出 a(遺傳)、c(共享環境)和 e(非共享環境)的影響程度,以及各自的估計誤差,檢驗顯著性是否大於零,還會提供指導概要,說明數據與模型的吻合程度。

雖然已經提供這些細部資料，研究報告仍然會列出同卵和異卵的相關性，因此讀者通常可以按上述方式來簡單計算。

三大洲的一萬多對雙胞胎調查

下面我將以克萊爾・哈沃斯（Claire Haworth）的研究報告來探討遺傳和環境對智力差異的影響。在她的數據集中，彙整有好幾項雙胞胎研究的資料，總共包含 4,809 對同卵雙胞胎和 5,880 對異卵雙胞胎。這些雙胞胎研究來自不同地方，包括：美國俄亥俄州（平均年齡 5 歲）、英國（平均年齡 12 歲）、美國明尼蘇達州（平均年齡 13 歲）、美國科羅拉多州（平均年齡 13 歲）、澳洲（平均年齡 16 歲）和荷蘭（平均年齡 18 歲）。在這個章節我無法一一介紹所有的樣本群，不過我會就最大的英國樣本群做一些細部描述。

收錄到這份數據集中的英國樣本群來自一份「雙胞胎早期發育研究」（Twins Early Development Study），當中有 1,518 對同卵雙胞胎和 2,500 對異卵雙胞胎。在異卵這一組，有 1,293 對是同性，1,207 對是異性。所有的受試者都

參加了四項線上認知測驗。有三項取自魏氏兒童智力量表，另一項來自瑞文氏推理測驗（Raven's Matrices）。由這四項測驗的成績，計算出每一位的一般智力分數。這份樣本群的社會背景與英國普通人群相似。雙胞胎的同異卵判斷是由父母填寫的身體相似性問卷來決定，若是有疑義，則會進行DNA 鑑定。在報告中，不同的雙胞胎樣本群使用不同的測驗來評估智力。

在這篇報告中，哈沃斯和這份研究的共同作者並沒有計算遺傳和環境因素對智力測驗分數的影響程度，現在我們可以來算算看，只要用這份研究論文中提供的同卵和異卵雙胞胎的相關性便可計算，這算是項寓教於樂的練習。在這些彙整好的樣本群中，同卵雙胞胎與智力測驗分數的相關性為 0.76，異卵雙胞胎的相關性為 0.49。因此，套用上面的公式，我們便可以估算出有 54% 的智力差異是由遺傳差異引起的，這是將同卵和異卵相關性的差異乘以 2 計算得來：(0.76-0.49)×2=0.54；將同卵相關性減去遺傳效應，便可得到共享環境造成的是差異 22%：(0.76-0.54=0.22)；非共享環境造成的差異則是 24%（以 1 減去同卵相關性 0.76）。粗

略來說，在這個從童年到青年期的綜合樣本中，他們的智力差異中約有一半是由基因差異引起的，約有一半是由環境差異引起的。

哈沃斯這份報告的結果中還有更多有趣的細節。在將樣本群都組合起來後，遺傳和環境因素在成長過程的影響變化會被遮蓋在大量資料中，讓人看不到從童年到青年期這一路的變動。因此，接下來她重新分組了樣本群，按年齡將受試者分為兒童期（平均年齡 9 歲，範圍在 4 ～ 10 歲）、青春期（平均年齡 12 歲，範圍在 11 ～ 13 歲）和青年期（平均年齡 17 歲、範圍在 14 ～ 34 歲）。這時可看到，同卵雙胞胎的相關性在兒童期為 0.74，在青春期為 0.73，在青年期為 0.82。異卵的相關性在兒童期為 0.53，在青春期為 0.46，在青年期為 0.48。就此來看，同卵雙胞胎從童年到成年，在智力上有更相似的趨勢，而異卵雙胞胎則展現出略微相反的趨勢。作者群將同卵雙胞胎和異卵雙胞胎的相關性差異加倍後，粗略估算出在不同年齡層遺傳對智力的影響程度，這計算很簡單，你也可以試試看。最後得到的結果是，42% 的兒童智力差異是由遺傳因素造成的，在青春期上升到 54%，

在青年期更是上升到 68%。有人認為這樣的發現違反我們的直覺。不過,在我們考量這些數據和計算前,應該先檢視一下哈沃斯的統計模型結果。

她的模型採用了所有同卵雙胞胎和異卵雙胞胎的數據,試圖從中找到最吻合遺傳、共享環境和非共享環境的數值,也附上這些估計值的標準差,以便得知這些估算的可靠性。儘管統計模型的演算過程很深奧,但歸根究底也是基於相關性這類概念,因此不應期待會看到大相徑庭的結果,可能會與前面提到的簡單方法的估計值差不多。

圖 13 顯示出哈沃斯的模型結果。首先來看縱軸與橫軸。在底部的橫軸有三個年齡層:童年、青春期和青年期。在左側的縱軸則是對智力差異影響程度的百分比。一共有三條線,一條代表遺傳(A),一條代表共享環境(C),另一條是非共享環境(E)。每條線上的垂直線段是標準差。這些垂直的線條越短,代表結果越可靠。這些結果看起來不錯;標準差不算小,但也不是特別大。

圖 13 中的 A 線代表遺傳的影響程度。這條線從左到右

呈現上升的趨勢。也就是說，遺傳對人的智力差異的影響程度在青年期比童年來得大，青春期居中。關於這一點我們應該要說清楚一點。這結果並不代表「我的智力有多少比例是

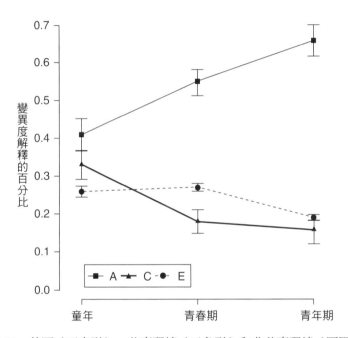

圖 13 基因（正方形）、共享環境（三角形）和非共享環境（圓圈）對不同年齡層（底部）對一般認知能力的影響程度（左側的百分比）（經 Haworth, C. 等人許可轉載，來源：Haworth, C. et al. (2009). The heritability of general cognitive ability increases linearly from childhood to young adulthood. Molecular Psychiatry, 15, 1112–1120. ©2009, Springer Nature.）

遺傳造成的」。完全不是,這是在估計在個體間的智力差異,有多少百分比是來自於遺傳差異。在兒童期,這個答案是 41%,在青春期是 55%,而到了青年期,這比例上升為 66%。所以,到了成年,人的智力高低有三分之二是來自於基因差異的,而在童年大約是五分之二。這些研究人員也檢驗了遺傳對智力差異的影響程度,看看在童年和青春期這個比例是否低於青年期,結果得到的答案都是肯定的。在經歷童年和青春期後,基因遺傳對一群人智力差異的影響程度變得更大。

作者的模型結果還顯示出,環境差異對智力差異有顯著影響。共享和非共享環境在這三個年齡層的智力差異上都展現出重大的影響。看看在圖 13 中共享環境(C)這條線,共享環境的影響程度在童年時期為 33%,在青春期下降到 18%,然後在青年期又下降到 16%。若是我們假設共享環境主要是養育孩童的家庭,那麼這表示它的影響大約是在 9 歲時開始,而且對智力差異的影響程度約為三分之一,到了青年期則降到約六分之一,這看起來很低,不過一些研究人員使用其他數據集分析時還發現更低的情況。在圖 13 中,非

共享環境這條線（E）則相當穩定，對不同年齡層的智力差異影響程度大約一直維持在四分之一或五分之一。

在長大成人後，遺傳差異在人群間造成的智力差異影響竟然會增加，這似乎有點不合常理。但細想一下，也許這結果並不是那麼令人驚訝。當孩童年紀還小的時候，他們的父母比較會監督他們的活動和學習；隨著年齡增長，父母的直接影響會越來越少，因此個體在表現其遺傳差異時可能會受到比較少的限制。在這裡，非共享環境也很值得關注，這項因素會產生中度但穩健的影響。也就是說，人的所作所為以及他們的經歷是無法分享給兄弟姐妹（即使是同卵雙胞胎）的，而這會影響到人的智力差異。然而，由於這種影響程度的計算是扣除基因和共享環境後剩下來的，所以我們應該想想它究竟代表什麼。若完全按字面意思來講，它代表的是在養育家庭中不會共享的環境影響，但它也是其他影響的總和，這其中也包括測量誤差。像智力這樣的特性在測量上不可能毫無差錯，因此，若是能夠更精準地測量，「e」這項非共享環境因素的影響力可能會降低一點。

這項雙胞胎研究——實際上是彙整各種雙胞胎研究——

顯示出基因和環境都是影響到人群間智力差異的重要因素。到成年期，大約有三分之二的智力差異來自於遺傳差異。這份研究還揭露出，從童年到成年，遺傳的影響程度不斷增加，而共享環境的影響力逐漸減少。就此看來，本章開頭提出的關於基因和環境各自會對智力差異造成多大影響的問題，最後的答案會取決於年齡。

在 2011 年以前，上面簡介的這套方法便是估算遺傳率（heritability），也就是遺傳對智力差異影響程度的主要方式，這是利用本來就會自然出現的雙胞胎來研究，將其分為兩類，一種共享所有基因，另一種僅共享一半的基因。從二十世紀上半葉開始，有許多雙胞胎研究，其中還包括一些分開撫養的雙胞胎。另外還有一些收養研究，以及各種家庭關係的研究，這些研究的結論都與上述雙胞胎研究一致。到了 2011 年，出現了一種新方法來估計智力的遺傳率。

DNA

雙胞胎和收養研究顯示遺傳差異很重要，但並無法告訴

我們是哪些基因在作用。而且，無論做得有多仔細，也不會讓所有人都感到滿意，因為這當中帶有一些假設。例如，雙胞胎研究是基於同卵雙胞胎和異卵雙胞胎的共享環境非常相似的假設。儘管尚未證明這假設是錯的，但還是有些研究人員擔心同卵雙胞胎的共享環境恐怕會比異卵雙胞胎的共享環境更為相似，而這就可能高估遺傳的影響程度。我們可以繼續爭論這套雙胞胎研究方法的瑕疵，並試著證明當中並沒有那些令人擔憂的缺陷，或者可以另闢蹊徑。這條路是直接進入無血緣關係的人的 DNA，加以檢驗，深入了解遺傳對智力差異的影響程度。

2002 年，第一項「全基因組關聯分析」（genome-wide association study）發表了。從事這類研究的人將其簡稱為 GWAS（gee-wass；讀音與 class 的韻腳相同）。這類研究解決了一些雙胞胎研究的限制性。2011 年，我的研究團隊也發表了第一份在智力方面具有相當規模的 GWAS。下面我會簡介一下什麼是 GWAS，然後我會描述在我撰寫本書時正在進行的一項最大規模的研究，這是利用 GWAS 來研究遺傳對智力差異的影響程度。

遺傳物質位於細胞核中，是由 DNA 構成的。在人類身上，DNA 組成了 22 對體染色體和兩條性染色體；在女性身上性染色體是一對 X 染色體，在男性身上則是 X 和 Y 染色體。染色體 DNA 的化學結構呈雙螺旋，這是兩條相互纏繞的螺旋分子。每個人都會得到兩條這樣的雙螺旋組合，一條來自母親，一條來自父親。每條螺旋的骨架是一條由糖和磷酸鹽分子連接而成的。有四種稱為核苷酸（nucleotide）的分子會從糖的構造中延伸出去，分別是：腺嘌呤（adenine, A）、胸腺嘧啶（thymine, T）、胞嘧啶（cytosine, C）和鳥嘌呤（guanine, G）。當雙螺旋的兩條鏈相對時，A 會與 T 配對，C 則是與 G 配對。這些配對──是以化學吸引力將每一對牢牢結合在一起──使雙螺旋的兩條鏈彼此靠近。在人類身上，若是計算每一對染色體中每一條鏈的核苷酸數量，從 1 號染色體一直數到 22 號染色體，再加上性染色體的，數量大約有三十億（3,000,000,000）個。

這三十億個核苷酸片段具有一些結構。基因是帶有蛋白質編碼的 DNA 片段。人類 DNA 中大約有一萬九千個基因。人類 DNA 的很大一部分並沒有編碼基因，但這部分仍

具有功能，例如調節基因的作用。基因的編碼是製造蛋白質的指令，蛋白質是由胺基酸構成的，每三個 DNA 核苷酸組合成一個胺基酸的編碼。

　　並非每個人都擁有相同的三十億個核苷酸，人與人之間的 DNA 組成存在有差異。就一既定人群來說，基因上的任何一個位點，都有最常見的核苷酸。在人的 DNA 長鏈上，大約每一千個核苷酸，就有一個是不同的。換算過來，在一個人的 DNA 中，可能有約四五百萬個位點會出現變異，與這個位置最常出現的核苷酸不同。好比說，染色體上可能有一個位點，在大多數人身上都是 A，但有些人是 C。這是因為在 DNA 鏈上的某個位置發生核苷酸替代，這種狀況稱為單苷核酸多態性（single nucleotide polymorphisms，簡稱 SNPs；發音是 snips）。在一段特定的 DNA 片段中，出現一個不尋常的核苷酸，會有多種可能的效應：也許是毫無影響；也許讓此人難以生存；也許會致病；也許會影響一個人對藥物的反應；也許有助於改變一性狀。在人類 DNA 的研究上，科學家目前已發現超過一億個 SNP。

　　一旦發現人的遺傳差異在很大程度上取決於他們 DNA

中所含的 SNP，科學家就開始提出這個問題：在染色體上的特定位置上具有不同的 SNP 會對人產生什麼影響？SNP 與健康、身高、體重指數等特徵的變異有何關係？在回答這些問題前，得先介紹一下用於檢測人類 SNP 的試劑。

若是要檢驗人的 DNA 與他們的智力之間的關係，首先我們需要取得一些 DNA。血液是 DNA 的常用來源，可從白血球的細胞核取得。也可以使用唾液採集或口腔棉棒採集，當中會夾帶有臉頰（頰細胞）和口腔細胞，便可由此獲取 DNA。在 1990 年代晚期，我開始為第一批受試者血液 SNP 檢查付費時，每個 SNP 要花我 10 英鎊（相當於台幣 500 ～ 600 元）。我們一次只能檢驗幾個。之後，隨這這項技術的發展，在一塊芯片的陣列上可以同時檢驗數千個 SNP，這個芯片的大小約為 8 克的口香糖。當我的團隊在 2010 年左右進行第一項 GWAS 研究時，我們為每個受試者檢驗了 61 個 SNP，成本約為每人 300 英鎊（約台幣 15,000 元左右），換算下來每個 SNP 不到二十分之一便士。到了 2019 年初，只要花 28 英鎊（合台幣不到 1,200 元）就可以進行超過 55 萬 5 千個 SNP 的檢驗。檢驗一個人基因變異的

成本直線下降。

但我們並不需要檢驗一個人所有的 SNP。在許多情況下，擁有一個特定的 SNP 表示此人可能帶有其他一些 SNP。因此，基於這些可能性，就可以推斷一個人的基因組成，而無需進行實際的全面檢驗。下面我將描述我們使用 DNA SNP 檢驗來探討遺傳對智力的影響。

集結 57 項研究，收集 30 萬人的 DNA

我們的這項研究計畫是由蓋爾·戴維斯（Gail Davies）主持，一共檢視了 300,486 人的智力和他們的 DNA SNPs。這集結來自歐洲、北美洲和澳洲的 57 項研究調查，所有的受試者皆具有歐洲血統。其中規模最大的一項研究來自英國生物樣本庫（UK Biobank），有超過一半的受試者都是由這個計畫所收集的。英國生物樣本庫的受試者接受的智力測驗包含有 13 種語言和數字推理測驗。而在其他 56 項研究中的受試者，至少接受了三種不同的認知測驗。根據這些分數，我們計算出每位受試者的一般智力分數（g）。所有

人的 DNA 都進行了幾十萬個位點的檢驗。由於擁有一特定
SNP 很可能會帶有其他一些 SNP，這之間密切相關，因此
這項研究能夠提供近 1,300 萬個 SNP 的數據。下面的結果
就是這 30 幾萬人中的 DNA 變異和智力測驗分數等資訊。

圖 14 顯示了這項研究的主要結果。這張圖的受試者包
含 57 項研究中的 300,486 人。沿著圖表底部的橫軸是 22
條染色體，X 和 Y 染色體沒有納入檢驗。圖表左側是每個
SNP 與智力相關的概率，用以 10 為底的對數來表示；下面
我會解釋這代表的意義。目前只要理解圖表中每個點的含義
即可。現在請看圖表中的任意一個點，每一個點都代表一個
SNP；也就是說，每個點都表示特定染色體上的一個 DNA
核苷酸。點的高度表示這個位置的核苷酸的遺傳變異與智力
測驗分數的關聯程度。每個點的高度代表這個染色體上那個
DNA 位置變異與智力測驗分數間關聯強度的概率值。

圖 14 一共有 12,987,183 個點。在探討兩者關聯是否
顯著時，心理學家通常會用 0.05 這個概率值（probability
value，即 p 值）來當作判斷。這是指，當兩者間並沒有真
正的關聯時，他們可以接受每 20 項研究有一項出現有關聯

一般認知功能：根據 SNP 檢驗結果

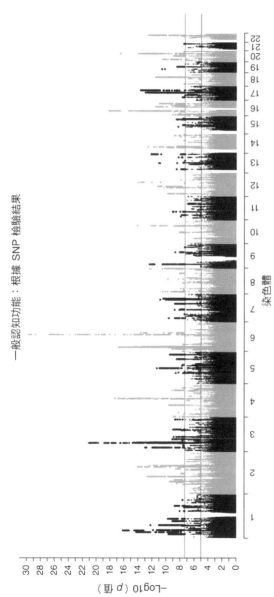

圖 14　這種圖稱為曼哈頓圖，因為看起來像是紐約的「天際線」。這張圖總結了 DNA 差異與超過 30 萬人的一般認知功能，即智力差異間的關聯。橫軸的數字是染色體的號碼。圖表上的每個點都是一個遺傳變異，即單核苷酸多態性（SNP）；圖上有數以百萬計的點。左邊縱軸計算的點。在基因組中有 148 個位置與一般認知功能有顯著關聯。（轉載自：Davies, G. et al.(2018). Study of 300,486 individuals identifies 148 independent genetic loci influencing general cognitive function. Nature Communications, 9, 2098. CC BY 4.0.）

強度：在水平灰線上方的那些點具有統計顯著性。在基因組中有 148 個位置與一般認知功能有顯著關聯。

的可能性。若是將這個概率值套用在這裡的研究，在這將近
1,300 萬個計算出來的關聯中，每 20 個點可能有一個看似很
顯著，而這樣的結果純屬偶然。在這個例子中，這是不可接
受的。圖 14 中有兩條水平的灰線，上方的那一條代表一點
達到顯著意義的概率值，這個值是 5×10^{-8}，這代表每個點
（SNP）的結果，隨機發生的概率必須是在一億次中僅出現
五次。因此，我們對高於那條水平灰線上方的每個點會比較
有信心，可以推斷都是與在人群中有變異的 DNA 位點與智
力測驗分數的差異有關。最後我們一共找出 11,600 個有統
計顯著意義的 SNP，也就是與智力測驗分數相關的單核苷
酸遺傳變異的數量。由於具有一個 SNP 可能就會連帶具有
其他的 SNP，因此我們會再進一步問，這當中有多少是獨
立的 SNP；結果找到了 434 個。它們出現在 22 條染色體的
148 個區域上，且並不都出現在 DNA 的基因編碼區。

接下來，我們對同一批受試者的數據進行了另一項分
析。這一次，研究的不是單個 SNP 與智力之間的關聯，而
是看所有基因中的 SNP 變異是否與智力相關。我們一共檢
測了 18,264 個基因，最後找出 709 個基因的 SNP 變異與智

力有關。

到目前為止，可以做個粗略的總結：在人的 DNA 上有很多單獨的位點展現出遺傳差異，而這當中有些是與智力測驗分數的差異有關。有許多基因的變異也與智力測驗分數有關。因此我們可以說，智力是一種多基因性狀（polygenic trait），也就是說，它與許多基因中的大量遺傳變異相關，而且存在於許多非基因編碼區的 DNA 位點上。

現在讀者勢必有兩個問題想問：首先，那這些 DNA 差異會對人的智力差異造成多大的影響？其次，這些 DNA 變異和基因的作用是什麼？第一個問題的答案會在下面討論。至於第二個問題，可以先簡略回答，目前在其他研究中有發現一些 DNA 的 SNP 變異與身高、體重、體重指數、肺癌、克隆氏症、雙相情緒障礙症、精神分裂症、自閉症、帕金森氏病和阿茲海默症有關。所以，與智力相關的遺傳變異似乎與健康也有關係。在檢視那些與智力相關的基因時，發現有些與神經細胞和神經系統的發育有關。

讓我們回到第一個問題上。之前我們想要知道的是：

SNP 對於智力測驗分數的影響力有多大，占了多少比例。下面將以兩種方式來回答這問題。首先，我們在這 57 份研究中找出一些個別的樣本群來進行研究。下面所描述的是其中規模最大的英國生物樣本庫中的一個樣本群，一共有 86,010 人。這些受試者都沒有親緣關係；我們也比對過他們的 DNA，確保當中沒有人的關係是在三等親之內。我們檢驗了每個人數十萬個的 DNA SNP。儘管這些人沒有血緣關係，但有些人的遺傳相似度略高於其他人（就這數十萬個 SNP 而言）。之後，我們檢視這 86,010 個人的資料，並提出一個問題：這些人在這數十萬個 DNA SNP 中的相似性與他們智力之間的相似性會有多大程度的相關？若是將所有檢驗的 SNP 都納入考量，答案大約是 25%，也就是說他們的智力測驗成績的差異有 25% 是來自 DNA SNP 的差異。這個值稱為 SNP 遺傳率。請注意，這個估計值小於之前描述的雙胞胎遺傳率估計值。這可能是因為有更罕見的基因變異──這裡沒有進行檢驗──導致人的智力差異。還有其他類型的遺傳變異也可能導致智力差異，但在本研究中並沒有加以檢驗。

　　回答這問題的第二種方法是使用多基因評分（polygenic score）。我們從這 57 項同齡層研究中找出一些規模較大的研究，移除掉當中的一些受試者，然後再重新進行一次 GWAS 的運算。利用這次 GWAS 的結果，我們想要知道是否有可能只靠 DNA 資料來預測每個研究中那些之前遭到刪除者的智力。這裡我們將 GWAS 中得出的 DNA SNP 結果來為刪除的樣本群定出一遺傳評分──這便是多基因評分。也就是說，僅使用刪除樣本群的受試者 DNA 來問他們的智力成績根據 GWAS 的結果應該是如何。答案是在刪除的樣本群中，有約 5% 的智力變異可由多基因評分來解釋。就此看來，可以只靠 DNA 檢驗來對人的智力差異做出一些預測。不過 5% 這樣的比例並不高，但隨著用 GWAS 來進行多基因評分的人數增加，這一比例將會提高。然而，這對於預測一個人的智力測驗成績分數幾乎毫無用處。

　　在這項 GWAS 研究中，我們學到哪些關於遺傳對智力的影響？首先，在大量基因中存在有大量的遺傳變異，還有很多基因之外的遺傳變異，這些都與人的智力差異有關。在人類身上，與智力差異相關的基因變異可能多達數千種。其

次，使用 SNP 估計的智力遺傳率，大約是雙胞胎研究中的一半；若日後有更多遺傳變異類型的研究，可能會縮小這樣的差距。第三，光是使用人的 DNA 就可以預測他們的智力差異，這比憑空猜測來得好，但這種預測力很有限。目前 GWAS 研究在其他性狀（如身高和體重指數）和疾病（如第二型糖尿病和高血壓）上也有所進展，可以預期，當智力研究的規模變得更大時，會找到更多與智力相關的遺傳變異，改善預測能力，儘管可能永遠不會很強。除非先研究好非 SNP 的遺傳變異，像是更罕見的基因變異，以及人究竟帶有多少個短鏈 DNA 拷貝數，不然 SNP 的遺傳率不太可能發生太大變化；。

對研究人員來說，這條研究路線有利也有弊。目前已經發現很多關於 DNA 變異與智力之間的關聯。然而，科學家尚不清楚要如何處理這些與智力相關的大量 DNA 變異。這些變異中的每一項都只有微小的影響。它們是如何共同作用，造成智力差異，以及這背後促成才智平庸機制的整個故事仍超出我們的知識範圍。此外，以 DNA 來預測智力所涉及的倫理問題也急需研究人員和其他人士來解決。儘管這

樣的預測力並不是很好，但還是有人會嘗試。除了 SNP 之外，其他的 DNA 變異類型也會對智力差異造成影響，這方面還有待更多研究。

　　這項研究也有一項正面成果，我們發現導致智力差異的遺傳差異也與其他性狀和疾病有關。為了進一步了解，我們採用遺傳相關性（genetic correlation）來研究，這主要是在問兩個性狀的遺傳重疊度有多強。也就是說，我們可以用相關性來表達相同的遺傳變異在人身上導致兩個性狀產生差異的程度。這裡的重點在於，我們在這項研究中先將遺傳結果用於智力的探討上，然後再去和研究其他性狀和疾病的研究團隊結果比對，找出這其間的遺傳相關性；因此，我們不需要在自己的樣本群中進行那些其他性狀和疾病的評估。在這樣的比對工作中，我們發現智力與許多性狀有正相關：握力（0.09）、肺功能（0.19）、近視（0.32）、出生體重（0.11）、停經年齡（0.13）、自閉症類群障礙（0.12；是的，這是正相關）、腦容量（0.27）和壽命（0.17）。這是一份很長的清單，我們就以腦容量和壽命這兩個例子來說明，這樣的結果表示一些與腦容量較大有

關的遺傳變異也與聰明有關,聰明和長壽的關係也是如此。至於在遺傳上有顯著負相關性的則有:高血壓(-0.15)、體重指數(-0.13)、吸菸(-0.20)、心臟病(-0.17)、肺癌(-0.26)、骨關節炎(-0.24)、注意力缺陷過動症(-0.37)、阿茲海默症(-0.37)、精神分裂症(-0.23)、重度憂鬱症(-0.30)、人格特質神經質(-0.16)、低健康滿意度(-0.26)、失眠(-0.12)和遠視(-0.21)。因此,要理解遺傳對智力的影響也必須同時要認識遺傳對身心健康的影響,這兩者是密不可分的。一些與高智商相關的基因變異也與擁有更健康的身體和較低的身心疾病風險有關。

至少有兩項驅動因素會讓人想要以 DNA 樣本來進行智力的遺傳研究。首先是要是想要了解為什麼人會有才智愚庸的差別,這是遺傳學的一個主題。就累積到目前為止的發現來看,智力差異似乎受到成千上萬種基因變異的影響,每一種都有微小的影響。就這種複雜性來看,要理解智力差異恐怕很難。然而,在 DNA 研究中使用的一些方法試圖了解與智力差異有關的基因系統,也就是這些遺傳變異所影響的系統。這些研究還有其他助益,比方說將智力的遺傳學與大腦

結構和健康相結合。

　　第二項驅動因素是預測。前面已經講得很清楚，由於現在可以用人的 DNA 來做研究，能夠預測人的智力差異，比憑空推測來得好。然而，這種方法能做出的最佳預測仍然很有限，僅能解釋智力差異的 10%。用 DNA 來預測任何人的智力都是非常不準確的。

　　我覺得很可惜無法再多談一些環境的影響程度。特別是雙胞胎研究，這顯示出環境對智力有重要影響。然而，這些往往是從扣除基因影響程度後推算出來的。對於正常範圍內的人類智力差異，要識別和測量特定的環境影響因素並不容易。會左右環境因素對兒童智力影響研究的一個問題是某些測量值（例如家裡的書籍數量），顯然受到父母行為的影響，而且父母通常與孩童有遺傳關係。另一方面，在針對典型的智力遺傳／環境研究之外，也就是在非病理環境中（尤其在高收入國家），智力更容易受到環境的影響。例如，大衛・貝林傑（David Bellinger）等研究人員已經探討過以下因素對認知的潛在影響，例如飲用水中含鉛、甲基汞、氟化物和錳、兒童麻醉和手術、腦震盪、孕期母體缺乏 B12、接

觸多氟烷基、先天性心臟病和其他因素。若想進一步延伸閱讀，我建議讀者可參考進行但尼丁研究（Dunedin study）的亞容・若本（Aaron Reuben）及其同事的研究報告，他們發現兒童時期的血鉛濃度與中年早期的低智商有關。

遺傳率——在一人群中造成差異的遺傳影響——不是固定的或放諸四海皆準的。在一研究中發現的結果僅適用於解釋受檢測的特定樣本群。在美國，智力的遺傳率似乎在較為富裕的社會階層中也會更高；因此，社會弱勢人群的智力差異有更高的比例是來自於所處的環境。

遺傳研究引發了倫理問題，而 DNA 研究也帶來新的議題，這些都需要進行必要的討論，並盡可能廣納相關團體中擁有豐富知識及資訊人士的意見。

第五章

聰明人
反應比較快嗎？

　　何以人之間會有才智平庸愚鈍的差異，在根本上造成這些智力差異的是什麼？在這類問題上，我指的不僅僅是環境和基因。長久以來就一直有人認為，智力測驗成績好的人可能在某些基本心理過程上的表現也比較好。而這些所謂的基本過程，就包含有心智速度（mental speed），或稱為處理速度（processing speed）。聰明人的大腦可能動得比較快，他們的高智商可能就是來自於此。有人會將此和電腦的處理速度相比；具有高速處理器的電腦可以有效解決複雜問題，也許正確率更高。

　　有許多不同的方法可以來量測大腦的處理速度。在第一章我們曾談到處理速度的測驗，例如魏氏成人智力量表中的符號尋找、符號替代和移除測驗。在第二章則看到，與其他認知領域相比，處理速度的測驗成績會隨老化（嚴重地）衰退，下降趨勢看來十分驚人。測驗處理速度的題型往往不需要太多思考，若是給人足夠的時間來作答，那麼幾乎所有人都可正確解答每道題目，頂多就是零星的錯誤。處理速度測驗的每類題型間的分數相關性都非常高，也與魏氏智力測驗中的其他題型成績間有類似的相關性。這表示著，那些在題

目較複雜的認知測驗中表現出色的人在簡單的處理速度測驗中也依舊名列前茅。然而，即使是在做這些非常簡單的速度測驗，仍然需要相當多的思考；回答其中一些簡單的處理速度問題可能需要一秒鐘以上的時間。長久以來，研究人員一直在尋找更簡單的方法來衡量處理速度，這可能有助於我們進一步找出導致一般智力差異的因素。過去這一個多世紀以來，一直是用反應時間來衡量處理速度。

我承認一開始就把答案公布有點爆雷，但我認為這是值得的。在魏氏智力測驗中，那些在需要複雜思考的題型中成績出色的人，在這類看似簡單的反應時間測驗中也會拿到高分，這些測驗可能只是要在燈亮時盡快按下按鈕而已，我始終對這樣的發現感到驚訝不已。為什麼反應時間會與魏氏智力測驗中不同類型的思維技能成績，甚至是整體智商分數都是相關的？如果簡單的速度測驗與智力之間真有相關性存在，那事情就變得很有趣了。然而，光是發現這樣的相關性，只是為我們帶來更多還需要解釋的問題，而不是解釋本身。要是我們真的發現了智力測驗的分數和反應時間存在有相關性，也只能短暫地沉浸在這份發現的愉悅中，說聲：

「啊，這很有趣！」然後，就得自問，我們對反應時間到底有多少認識——若是真想用它來解釋一些人類智力差異的問題。

蘇格蘭西部 20 年期 07 研究

喬夫・德爾（Geoff Der）和我一同撰文報告了反應時間和智力之間的相關性。在這類型的研究計畫中，這是唯一一項能夠代表背景人群的大樣本研究。而且還對智力和反應時間進行了不錯（雖然很短）的測驗。

之所以將這計畫定名為「20 年期 07 研究」（Twenty-07 Study），是因為計畫始於 1987 年，並且預計在 20 年後，也就是 2007 年結束。受試者招募的區域是在蘇格蘭最大城市格拉斯哥（Glasgow）及其周邊地區。在研究計畫開始時，受試者的年齡分別有 15 歲、35 歲或 55 歲。因此，可以推算出在 20 年後，兩個較年輕的組別的年齡將會達到年長組在計畫展開時的年齡。這項研究的整體目標是試圖更進一步了解在整個成人期間不同社會階層間的健康差異。我們

用來研究智力和反應時間的數據分別來自 2000 年和 2001 年
進行的 20 年期 07 研究的第四次調查。當時，三組受試者的
年齡層分別達到 30、50 和 69 歲。在三個年齡組中，我們選
出有完整數據者進行分析，各組人數分別為 714 人、813 人
和 669 人。

　　這些受試者都接受了反應時間的測驗。圖 15 顯示的是
測驗時使用的儀器。左上角的矩形是液晶顯示器，在進行測
驗時會顯示數字。測驗人員稍後也使用這儀器來查看結果。
測驗人員按下右上方的開始按鈕後，就開始測驗。底部有五
個反應按鈕，旁邊列有數字，從左到右分別為 1、2、0、3
和 4。受試者就是用這些按鈕來回答。

　　這裡會測驗兩類型的反應時間：簡單和選擇。在簡單反
應時間測驗中，受試者會將他們選擇的手指輕放在「0」的
按鈕上。給他們的指示是：「只要螢幕上出現『0』，就盡
快按下『0』的鍵。」這道題型有 8 個練習試驗和 20 題測
驗。一個人的簡單反應時間是這 20 次測驗的平均值，以毫
秒計算。受試者在平均值展現出很大的差異，不過一次試驗
所需的典型時間約為 1/3 秒。這比完成任何魏氏智力測驗題

圖 15 用於測驗簡單反應時間和四項選擇反應時間的裝置。（攝影：Ian Deary）。

目所需的時間都來得短。

　　在選擇反應時間測驗中，受試者必須正確地按下小螢幕顯示的數字的按鍵。受試者將四根手指輕輕放在「1」「2」「3」和「4」鍵上。通常是雙手的食指和中指。螢幕一次會出現四個數字的其中一個。給受試者的指示是：「看到數字後，盡快按下正確的鍵，盡量不要出錯」。與簡單反應時間測驗不同，選擇反應有可能會出錯。然而，僅有少數人會

犯下很多錯誤。正式測驗前會先練習 8 題，然後進行 40 題的測驗。一個人的選擇反應時間是他們在這 40 次測驗中正確反應的平均值，以毫秒為單位計算。一般的時間約為 2/3 秒，大約是簡單反應時間的兩倍。但這仍然比典型智力測驗中回答一題所需的時間短很多。

在 20 年期 07 研究中，選用的智力測驗是「第四版愛麗絲・海姆智力測驗」（Alice Heim 4）中的第一部分。測驗前會提供一些練習題，測驗本身一共有 65 題，時間限制為 10 分鐘。語言和數字推理的題目數量大致相同。題型涉及類比推理、詞彙、心算和完成邏輯序列。第四版愛麗絲・海姆測驗和反應時間測驗的題型類型截然不同。在選擇反應時間這類簡單題型中，只要花幾分之一秒就能完成一道題，而且這些題目幾乎毋需動用到智力。雖然偶爾會有些人可能因為急著搶答而按錯數字，但如果允許他們慢一點答題，在選擇反應時間這類題型中是不會犯錯的。相較之下，第四版愛麗絲・海姆測驗的題目就沒那麼容易，可能需要數秒甚至幾十秒才能回答，而且當中有些問題，無論給受試者多長的時間，有些人就是無法給出正確答案。然而，下面將會看到，

在測量一般智力的第四版愛麗絲‧海姆測驗中，那些表現出色的人往往反應時間也更快。

　　圖 16 顯示出比較結果。先看下方的圖，這是表現選擇反應時間（choice reaction time, CRT）的結果。圖中的每個圓圈代表一個人的成績。往下對應水平方向的橫軸，就會看到他們在第四版愛麗絲‧海姆測驗中的得分，滿分為 65。左手邊是在反應時間測驗中受試者所花費的平均時間。他們的圓圈高度代表各自的平均選擇反應時間，單位是千分之一秒。因此，1,000 代表一秒。下排最右邊的圖是出生於 1930 年代的 669 位 69 歲受試者的成績。圓圈的分布大致是從左上角往右下角傾斜；也就是說，第四版愛麗絲‧海姆智力測驗分數較高的人在選擇反應時間測驗中往往作答的時間更短（成績更好）。兩者的相關性為 -0.53，這算是一個很強的關聯。在圖 16 中，下排中間的圓圈是 50 歲受試者的結果，下排左方的圖呈現的是 30 歲受試者的結果。比較最年長和最年輕的兩組，年輕組的圓圈聚集在圖中較低的位置；這表示年輕人在整體上，反應時間更短（更好）。根據在第二章看到的結果，這現象其實不足為奇。30 歲的平均選擇反

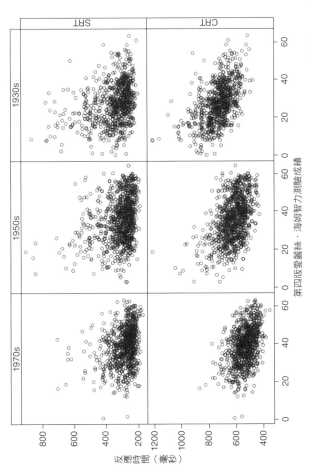

第四版愛麗絲·海姆智力測驗成績

圖 16 這些圖顯示出 30 歲（1970 年代出生）、50 歲（1950 年代出生）和 69 歲（1930 年代出生）受試者的智力測驗成績和簡單反應時間（SRT）與選擇反應時間的關聯性（CRT）。最下方是第四版愛麗絲·海姆一般智力測驗的分數。在左上是簡單反應時間（上排），左下方是選擇反應時間（下排）（以毫秒為單位）。（轉載自：Der, G., and Deary, I. (2017). The relationship between intelligence and reaction time varies with age: Results from three representative narrow-age age cohorts at 30, 50 and 69 years. Intelligence, 64, 89–97. CC BY 4.0.）

應時間為 539 毫秒，50 歲的平均為 623 毫秒，而 69 歲的平均值是 729 毫秒。在兩組較年輕的群體中，圓圈的分布也展現出從左上角往右下角的趨勢。在 50 歲的受試者中，第四版愛麗絲‧海姆通用智力測驗與選擇反應時間的相關性為 -0.47。而在 30 歲這組中，兩個測驗的相關性則為 -0.44。這樣的相關性屬於中等強度。總之，在代表蘇格蘭格拉斯哥和周邊地區人口的大量樣本群中，選擇反應時間與語言和數字推理等一般智力測驗的成績比較出現了中度到強度的負相關。這樣的結果普遍出現在青壯年到老年的所有年齡層。

圖 16 上排的三張圖顯示出簡單反應時間與第四版愛麗絲‧海姆一般智力測驗成績的比對。先來回顧一下，在簡單反應時間測驗中，只要螢幕上出現「0」就按下按鈕，不需要選擇按鈕。正如大家可能預想的，由於這不需要多所思考，又不用選擇按鈕，因此這三組人的簡單反應時間都比他們的選擇反應時間來得短（快）。右上圖的 69 歲受試者，平均的簡單反應時間為 354 毫秒，50 歲的組的是 310 毫秒，而 30 歲組的是 290 毫秒。

我們先來看右上角的這張圖，這呈現出第四版愛麗絲‧

海姆一般智力測驗成績與 69 歲年長者的簡單反應時間的關聯。在詳細看這張圖之前，請先閉上眼睛，只要露出一點縫來看下排的那三張圖。你會看到圖中的圓點幾乎形成了一個橢圓，外圍非常乾淨，從左上角往右下角傾斜。然而，在右上角的這張圖則是個不太乾淨的橢圓。第四版愛麗絲・海姆低分區的點在垂直方向上相當散布，要比高分區的範圍更廣。它正下方的那張圖，即同一年齡組的選擇反應時間，則沒有這種明顯的趨勢。右下角的這張圖，在從智力測驗分數從高分區往低分區移動時，圓圈在垂直方向上的分散情況大致相同。右上角這張圖，從高分區往低分區移動時，垂直方向上的這種分散差異稱之為「異質變異數」（heteroscedasticity）。我知道，我知道，這聽起來很深奧，但得知這樣的現象有一個特定的名詞來表示，其實挺讓人感到欣慰的。如果你有機會講出來，千萬別客氣，這會讓你聽起來很有學問的樣子。這個詞彙確實複雜，但也很有趣。這代表著，在我們討論的這個例子中，也就是 69 歲的這一組，在第四版愛麗絲・海姆測驗低分區的人，不僅簡單反應時間的平均值較慢，而且彼此間的變異很大。一般智力測驗分數低分區的人，與高分區的人相比，在簡單反應時間

上展現出更大的差異，而且平均來說，他們的簡單反應時間更長（也就是更慢，更差）。這種簡單反應時間散布的差異——異質變異數——也存在於 50 歲（上排中間的圖）和 30 歲（上排左邊的圖）這兩組人中，儘管不如最年長那一組這樣顯著。

總結來說，簡單反應時間與智力測驗成績的關係沒有像選擇反應時間那樣直接了當，但仍然存在有一些重要的關聯。在 69 歲這一組中，簡單反應時間與第四版愛麗絲・海姆一般智力測驗成績的相關性為 -0.32。在 50 歲這組中是 -0.30，而在 30 歲這一組則為 -0.27。這樣的相關性算是中等強度。在我看來，出現這些相關性仍然頗令人驚訝；為什麼這兩者的成績會有關聯？一邊是題型複雜的智力測驗，一邊與僅是在看到「0」時按下按鈕所需的反應時間。

從上面這些比較，我們得知，智力測驗成績與選擇反應時間存在有高度到中度的相關性，而與簡單反應時間也存在有中度的相關性。這種相關性持續出現在所有成年人的年齡層，包括健康的年輕人。這些相關性很有趣，這是在告訴我們，智力測驗的分數與那些不是在學校學習的測驗成績相

關，而且這也不太可能以社會優勢來彌補。但我們必須要避免驟下結論的衝動——你現在可能馬上就想脫口而出的話——逕自宣布現在我們確知人的部分智力差異可以用大腦的處理速度來解釋。因為我們還不知道反應時間測驗在大腦中究竟是怎樣進行的。再來，我們也不能假設是反應時間的差異導致智力差異，而不是剛好相反過來。

　　現在，讓我們來看一個顯然更為簡單的處理速度測驗，看看這是否也與智力測驗分數有相關。

1936 年的洛錫安同齡群研究

　　在這項研究中，我們是以受試者所花費的檢查時間來量測其處理速度。有人可能會認為反應時間，尤其是選擇的反應時間，確實有用到一點思考。在測驗時，受試者必須識別螢幕上的數字，決定要選擇按下哪個按鍵，正確無誤地儘快執行這項選擇。即使我們可以說反應的時間大約只花了半秒到 2/3 秒，所以不會發生太多的思考，以此來駁斥可能的質疑，但我們還是嚴正地看待這問題，想要以與智力相關但顯

然是更為簡單的題型來進行測驗。「檢查時間」就符合這項標準。

這裡呈現的是 987 名受試者的結果，這些數據來自 1936 年的洛錫安同齡群。在第二章曾提到過這項調查。他們的平均測驗年齡為 69.6 歲，幾乎沒有變異，因為他們都是同一年出生的。一般智力的評估是採用魏氏成人智力量表幾項測驗題型的總分，包括有：矩陣推理、數─字序列、圖形設計、符號替代和符號尋找。在第一章都簡介過這些測驗。

關於檢查時間這項測驗的內容，可看圖 17。受試者進入一間光線受到控制的房間，坐在電腦螢幕前。下面是每道檢查時間題目的內容；如圖 17 從左到右所顯示的。首先，電腦螢幕中間會出現一個小的十字符號。這是「準備開始」的提示。接下來，題目出現；這是兩條長度明顯不同的垂直線，在頂部用一橫線連接。這會有兩種形式，所以在圖 17 中會看到兩行。一種形式是左側的線條較長，右側較短；另一種形式是右側的線條較長，左側較短。當題目消失後，會立即出現「面罩」。這是為了消除殘像。就好比在黑暗的房間中打開一盞燈然後再次關燈；儘管沒有燈光，還是可以

「看到」房間，這些面罩就是防止這種殘像效果。面罩消失後，便請受試者做答，告訴研究人員題目中的長線是在右邊還是左邊。這不用搶快，受試者可以慢慢回答。這不是在測驗他們的反應時間；研究人員只會記錄受試者是否正確回答長線的位置。如果題目顯示的時間較長，比方說 1/5 秒以上，就不會有人出錯。到目前為止，這測驗中的題型都非常簡單。接下來，我將解釋這項任務的執行方式，這樣便能看出表現差異。

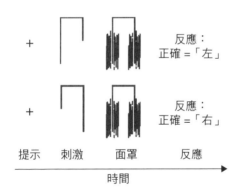

圖 **17**　檢查時間測驗中題目呈現的順序。有兩種不同形式的刺激。上方這一排顯示長線在左側的時間序列。下面這一排的刺激則是長線在右側時。（經 Deary, I. 等人許可轉載：Deary, I. et al. (2004). The functional anatomy of inspection time: an event-related fMRI study. NeuroImage, 22(4), 1466–1479. Copyright © 2004 Elsevier Inc. 版權所有）

　　檢查時間這項任務的關鍵在於長線—短線刺激的顯示時間長短不同。在簡單的題目中，會顯示 200 毫秒，即 1/5 秒。在最為困難的題目中，僅向受試者顯示 6 毫秒，即不到 1/150 秒。在這項研究中，一共向受試者展現了 15 種不同時間長短的刺激，從 6 ～ 200 毫秒不等，每個刺激重複 10 次。在這 150 次測驗中，他們永遠不知道下一題的刺激時間是長（容易）、短（難）還是中等。測驗時間約為 15 分鐘。在正式測驗前，會讓他們進行大量練習。這裡要再次強調，他們無須迅速作答——這種測驗的設計方式，並沒有要求他們的速度；他們可以從容地按下左邊或右邊的按鈕，選出長線是在右側還是左側。透過檢查時間這項任務，我們要問的是：當刺激在眼前短暫閃過時，一個人能吸收多少資訊？

　　檢查時間任務並不涉及快速反應，只需要做一個最為簡單的決定，判斷長線是在右邊還是左邊；在顯示時間大約為 1/5 秒時，沒有人會做出錯誤的判斷。如果將正確決定左右的機率看作是一視覺刺激持續時間的函數，那麼隨著刺激持續時間從短到長，答對的機率便會從二選一的隨機猜測穩

定增加，一直到接近完美。當兩條線的顯示時間小於 30 毫秒左右時，受試者答對的機會接近隨機猜測；也就是說，當題目出現的時間太短，他們無法看出長線在哪一側。當兩條線的顯示時間超過 100 毫秒時，反應幾乎總是正確的。請記住，受試者永遠不知道下一題的持續時間——題目的難易度是簡單、中等或困難——所以幾乎每個人都答對了簡單程度的題目，正好是一個完美的檢驗，顯示受試者在注意力上沒有差異。僅看所有人的整體表現時，隨著題目顯示時間從短到長，答對的機率也從隨機猜對的比例穩定上升到近乎全對。

　　在檢查時間任務上確實有出現差異。在 150 次的測驗中，有些人的得分比別人更高。不過這裡要特別留意的是，光是靠猜測，也可能得到大約 75 個正確答案。題目中的長線和短線差別很大，所以個人視力不會影響到表現差異。在分析結果後，所有的受試者在遇到簡單題目時幾乎全對。就這結果看來，在眼前閃過一個短暫的刺激時，有些人似乎會比其他人從中獲取更多、更好的資訊。這種能力與智力有關嗎？

在這項研究中，1936 年洛錫安同齡群中的 987 人進行了檢查時間測驗和魏氏成人智力量表測驗。智力測驗分數與檢查時間分數的相關性為 0.32。智力測驗得分較高的人往往在檢查時間測驗中答對更多題。也就是說，在面對短暫呈現的視覺刺激時，聰明有獲取更多資訊得傾向。

速度和其他認知過程

如此簡單的處理速度技能竟然會與高階思考有所關聯，這可能是一條線索，或許能就此找出何謂聰明的部分答案。智力與反應時間和檢查時間這兩者皆具有相關性，這多少可以回應那些批評智力測驗的人，他們一直認為這項成績會受到社會階層或受教程度的影響。在看過反應時間和檢查時間測驗的內容後，他們就不大會再抱持這些批評。不過，整體來說，這個領域的一大特點就是許多研究人員都在研究許多不同類型的處理速度測驗，因此要加以統整這些研究結果變得十分困難。我們想知道每一項與智力測驗分數有顯著相關的處理速度測驗背後的原因，而這可是一大工程，有大量的後續追蹤要進行。

　　還有一個更大的難題。研究人員在探究智力差異時，並不只是拿速度當作唯一的心理歷程解釋。目前有許多研究正嘗試以工作記憶（working memory）──在第一章有提過一項測驗──和執行力的角度來理解智力差異。我鼓勵讀者也可讀讀這類研究，但要有所保留。工作記憶往往是以與智力測驗很相似的測驗來進行評估；因此，我不確定可以再額外提供多少解釋。處理速度測驗的一項好處就是它們與典型的智力測驗相去甚遠沒什麼相似處，這一點讓人感到很有信心。至於執行力，這往往是以綜合測驗來進行評估，其中一些測驗相互關聯，另一些則否，由於彼此間缺乏連貫性，很難說這些反映的是一整套智力差異的過程，還是只是當中的一部分。

　　到目前為止，我們已經討論過遺傳和環境對智力差異的影響，或許處理速度也有影響。接下來，讓我們直接去看看大腦。

第六章

聰明的大腦
長什麼樣子？

　　本章主要是在討論以腦影像技術來對人腦進行量測。目前有好幾種影像方法可以研究大腦的結構，這讓我們得知人有多少不同類型的腦組織，還可顯現出某些腦組織的健康程度。有幾類大腦影像技術可以研究大腦在執行任務時的血流變化，這些屬於功能性腦造影研究，另外也有幾類成像技術是在檢查大腦在靜止狀態和因應刺激時的電活動。這些是腦電圖（electroencephalographic，簡稱 EEG 或稱腦電波）和大腦誘發反應方法。最後，有幾類大腦影像技術是在檢查大腦的電活動而產生的磁活動，這些算是腦磁圖（magnetoencephalography，簡稱 MEG）方法。

　　本章的重點會放在結構性腦影像，我認為這是目前在大腦測量和智力測驗分數間，能找到關聯性最清晰的成像法，而且這也是迄今為止重複性最好的一種。

1936 年洛錫安同齡群

　　我團隊中的斯圖爾特・里奇（Stuart Ritchie）負責領導這項計畫。對這類型的研究來說，這個單一樣本群算是比平

常的計畫來得大，當中評估了一系列的大腦結構。

接受大腦影像測驗的人來自 1936 年的洛錫安同齡群。在第二章和第五章中曾介紹過這個同齡群。腦影像是在他們老年後進行第二波測驗時連帶進行的，當時他們大約 73 歲。在我們招募的 70 歲左右的 1,091 人中，有 886 人在 73 歲時回來接受測驗。其中有 700 人願意而且能夠進行磁振造影（MRI）的結構性腦部掃描；最後有 672 人的腦影像和認知測驗數據可供這項研究使用。

1936 年洛錫安同齡群的受試者進行了 15 項認知測驗，包括有記憶力測驗、圖像和空間推理、處理速度和知識測驗。認知測驗的許多題目來自魏氏智力量表和魏氏記憶量表。他們還參加了第五章提過的反應時間和檢查時間測驗。根據這 15 項測驗的分數，每個人都獲得了一個一般認知因素分數，即一般智力「g」。研究的構想是要測試一般智力得分與代表不同大腦結構的測量值之間的相關性強度。

受試者的腦部測量是以 MRI 掃描儀來進行，在儀器中持續約 75 分鐘的腦部掃描。這類型的掃描儀式使用強磁場

來激發身體含水部位（包括大腦）中的氫原子，由於不同組織的氫原子返回到非激發態的速率不同，儀器便能據此繪製和測量大腦中不同類型的結構。

我不認為要理解本研究需要知道 MRI 掃描的機制，在此就不再贅言。重點只要知道，在過去幾十年間，結構性的 MRI 掃描在大腦量測上有長足的進步。以下是 1936 年洛錫安同齡群受試者的主要大腦測量數據。共有四個部分，如圖 18 所示。

總腦容量（total brain volume）

首先測量顱骨內層的總體積，然後減去腦脊液的部分，便得到這個值。腦脊液是在顱骨內浸潤大腦的液體。MRI 掃描能夠區分這種液體與腦組織。總腦容量可以告訴我們有多少大腦（任何類型的組織）位於顱骨內。我們對此提出的假設是，智力測驗得分高的人往往擁有更大的大腦。

大腦皮質厚度（brain cortical thickness）

大腦兩個半球的外層表面稱為皮質。這就是一般常講的「灰質」。這一層主要是腦細胞，尤其是大腦的神經細

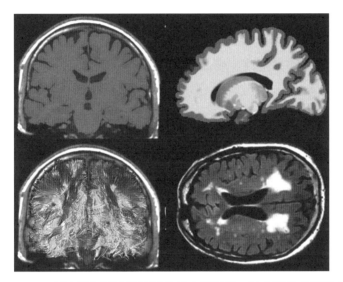

圖 18　1936 年洛錫安同齡群的匿名者大腦掃描。這些圖像分別代表：總腦容量（左上；冠狀平面切片）、大腦皮質厚度（右上；矢狀平面切片）、大腦白質連接（左下；冠狀平面切片）和大腦白質中的高訊號（像傷疤一樣）（右下；軸向平面切片）。（感謝 Simon Cox 博士製作這張圖）

胞：神經元（neuron）。皮質緊密地折疊在一起，約有 2 ～ 3 毫米厚。MRI 掃描能夠將腦組織中的灰質和白質區分開來（見下文）。平均皮層厚度（大腦灰質的厚度）是根據每個人大腦中 81,924 個位點的測量值計算而來。我們對此提出的假設是，智力測驗得分高的人大腦皮質較厚，也就是灰質

較多。

大腦白質的完整性（或健康）

　　大腦的白質多半位於皮質灰質下方。白質可說是大腦中連接神經網路的「電線」。有些連接很長，有些連接很短。這些連接是軸突（axon），是從神經細胞中延伸出來，連接到其他神經細胞的纖維。這部分之所以稱為「白質」，是因為這些用來連結的纖維上包覆有一層白色脂肪物質構成的絕緣層，這些脂肪稱為髓磷脂（myelin）。在一般的成年人身上，這些神經連接的總長度大約可以繞地球四圈。有一種稱為擴散磁振造影（diffusion MRI）的大腦掃描可以顯示出白質的健康程度。這個過程可以用下面這個比喻來想像。資訊要在白質中沿著一束軸突有效地流動，我們會希望這些軸突像是一束沒有孔洞或裂縫的吸管。要是出現孔洞和裂縫，訊息就會向側面洩漏出去。擴散 MRI 掃描可以檢查大腦白質中這些相連的軸突束的完整性，看看它們是比較接近有裂縫和孔洞的吸管，還是完好無缺的吸管。也可以用道路網來思考這種狀況。如果所有的道路都暢通無阻，路上都沒有封閉車道、坑洞和其他損壞，大家就可以會到達他們想去的地

方。我們對此提出的假設是，智力測驗成績高的人大腦白質
更健康，或是說他們的白質完整性（white matter integrity）
較佳。在這項研究中，白質連接的健康狀況是以每位受試者
大腦中 12 條主要白質束來評估；你也可以將它們想像成是
大腦內部連接各區的高速公路。由於大腦白質健康的人通常
每一束都是健康的，因此可由部分來推測其他束的狀況，因
此會使用平均白質健康／完整性的分數來代表。

腦白質高訊號

大腦白質的某些區域在 MRI 大腦掃描中顯得特
別明亮，因此稱這些區域為白質高訊號（white matter
hyperintensities）；它們在大腦掃描時發出的訊號非常強。可
以將這些視為大腦連接中的傷疤。隨著年齡增長，人的大腦
中往往會累積更多這些傷疤。它們本身並不是一種疾病——
許多健康的人也長有一些——儘管在多發性硬化症（MS）
等疾病的患者腦中會看到出現大量這類訊號。有人推測白質
高訊號可能是由於大腦中的小血管出問題所造成的。大腦各
區的交流似乎多少會受到一點影響——即使在健康的人身上
也是如此——若是這些白質「傷疤」的數量多到阻斷大腦的

處理效率，也就是說他們的「吸管」比較會外漏，或是說他們的「道路網」更加混亂。我們對此的假設是，智力測驗成績較高者的白質高訊號較少。

上面所有我們提出的假設都找到證據支持。接下來就是1936 年洛錫安同齡群樣本中這四種大腦測量值與一般智力間的相關性：

總腦容量

與一般智力（g）的相關性為 0.31。智力測驗分數較高者往往有較大的大腦。發現這一點後，我團隊中的西蒙・考克斯（Simon Cox）前去比對在英國生物樣本庫研究中那八千多名受試者（平均年齡 63 歲）的一般智力（來自四項測驗）和腦容量之間的關聯。之前在第三章曾提過這批受試者。他計算的相關係數為 0.276，這與 1936 年洛錫安同齡群的相關係數很接近。

大腦皮質厚度

與一般智力（g）的相關性為 0.24。整體上，智力測驗高分者的大腦皮質往往比較厚，也就是說，大腦表面的灰質

更厚。

腦白質完整性

與一般智力（g）的相關性為 0.24，智力測驗高分者的白質連接往往比較健康。

腦白質高訊號

與一般智力（g）的相關性為 -0.20。智力測驗高分者的白質高訊號往往較少，也就是說，他們大腦連接組織中的這些「疤痕」比較少。

所以，一般智力較高的人往往擁有較大的大腦、更厚的大腦表面灰質以及更健康的白質大腦連接。這些關聯性並不是特別強烈，但大腦結構的某些方面確實與智力測驗分數有關。

腦容量和智力

雅各布・皮耶希尼（Jakob Pietschnig）在文獻中找出 88 份過去檢視智力測驗分數和腦容量關係的研究。有些是針對

健康人，有些是針對自閉症、精神分裂症或腦損傷患者。在這些研究中，幾乎所有的大腦掃描都是以 MRI 來進行。受試者的年齡層從童年到老年不等。一共找出 120 個相關係數；有些研究報告中檢視了不止一個樣本群。整體而言，腦容量與一般智力的相關性為 0.24；大腦較大的人往往智力測驗成績較高。根據當中的 84 個相關性，一般智力與腦容量在健康人群中的相關性為 0.26。研究人員花了長篇大論來探討「為什麼大腦大小會與智力有關？」最後得出的結論是他們不知道。而且也沒有其他人知道。他們推測更大的大腦或許有更多數量的神經細胞，但沒有設計良好的研究來證實這一點。

吉爾斯・吉耐克（Gilles Gignac）和提姆・貝慈（Tim Bates）後來又進行了一次對智力和腦容量的後設分析（meta-analysis），重新將皮耶希尼的後設分析再做一次。這次，他們特別留意智力測驗題目的品質，同時還排除臨床患者以及任何包含兒童的樣本。這項修訂後的後設分析有助於檢視健康成年人的腦容量與一般智力間的關聯。基於這些標準，他們在 1,758 名受試者中發現了 32 種相關性。腦容量和一般

智力之間的總體相關性為 0.29。他們發現，當研究中使用的智力測驗獲得好或優秀的評等時，相關性略高；在這些情況下，相關性往往高於 0.3。他們還指出，研究中的樣本群的智力範圍比總人口的範圍更窄。這會降低相關性。因此，他們表示，若是同時考慮這項因素及一些研究沒有使用評等良好的智力測驗的狀況，實際上的相關性可能會高於在這項基本後設分析中發現的相關性。這兩項後設分析都是在英國生物樣本庫的大規模數據可供使用前就發表的，後來根據這個樣本庫數據所發現的腦容量與智力間的相關性為 0.276。顯然，這結果是相似的。

　　如果有人問我健康成年人的一般智力與腦容量的相關性，我會認為最高就是在 0.2 ～ 0.29 這個區間，或許會再稍高一點。我有注意到，就這類研究的某些層面來看，就是會讓這項估計值變得較為保守，但我認為保守總比冒險誇大這兩者間的關聯要來得好。這種相關性不是很強，但也不為零。它大到讓這問題變得很有趣，並且需要解釋。但至今還沒有一個好的解釋。

腦結構之外的智能

考慮到本書的篇幅有限，再加上我認為這類研究在探討與智力的關聯時最為可靠扎實，所以我特別強調在結構腦影像研究中的發現，主要來自 MRI。然而，也有其他的影像學研究將大腦的功能變化與智力測驗分數連結起來。這些提供的發現相對比較沒有那麼可靠，儘管有人指出結構和功能影像結果堅還是存有些一致性。關於智力與大腦結構和功能以及其他方面的關係，我推薦理查・海爾（Richard Haier）的《智力的神經科學》（*The Neuroscience of Intelligence*），這是一本可讀性還不錯的入門書籍。他的這本書牽涉到智力的頂葉—額葉整合理論（parieto-frontal integration theory of intelligence，簡稱 P-FIT）。這理論認為在大腦中存在一個有限的網路，而這在個體各有差異，正是這些差異造成某些智力差異。儘管我認為在探討大腦—智力的關聯上，腦結構影像研究還是迄今為止最具有扎實基礎的，但海爾將目光投向更遠的地方，使用多少也算有所根據的發現，嘗試進行更為整合性的解釋。

在第四～六章中，我們討論了基因、處理速度和大腦結

構與智力有顯著的關聯，相關性約莫是在中度左右，這每一項看似都可能是造成智力差異的根源。要認識這些關聯，每個領域都還需要進行更多的研究。接下來，我們先不繼續追問造成智力差異的原因，而是來探討這些差異造成的一些後果。

第七章

智力在求學過程和職場中重要嗎？

　　有非常多的書籍，不論是通俗的，還是學術的，都在貶低智力測驗的發明和應用。在二十世紀，曾經不當地使用過智力測驗，在有些地方甚至是過度熱情地使用，甚至還以此排除其他重要的人類特徵。智力測驗作為一項工具可能會遭到濫用。所有工具都有這種風險，但是，正如英國女王伊麗莎白一世在沃爾特・史考特爵士（Sir Walter Scott）的《凱尼爾沃思》（Kenilworth）中所反駁的：「基於會遭到濫用的理由來反對任何事物是個謬誤的想法。」所以，讓我們聚焦在智力測驗成績是否具有任何用處，而不是問可否用智力測驗的分數來預測人類的成就或下場——這項測驗從來就不是為這個目的設計的，也無從由此作出任何推論，我們只是要問智力測驗的成績是否具有一定的預測力。

　　第一項人類的智力測驗是在 1905 年出現的，是由巴黎的阿爾弗雷德・比奈（Alfred Binet）和西奧多・西蒙（Theodore Simon）開發出來。當時他們是為了解決一個相當實際的問題：管理當局要如何分辨出那些無法在正規教育中受益的兒童，並且給予幫助？他們想出的答案就是如今已發展出數百種版本的智力測驗。換句話說，我們現在稱之為

智力測驗的東西最初是為了實用目的而發明出來的，是基於造福社會的目的。

　　智力測驗的主要應用領域是在教育、工作場所和醫學中。因此，會用智力測驗來評估學業表現、工作績效以及疾病和醫療對大腦功能的影響。要是沒有認知測驗，該如何進行老年認知衰退的評估呢？還有那些神經系統疾病及其他疾病又是要如何評估呢？在第八章，我將簡略概述認知流行病學這個新領域，他們會將智力測驗的成績用作健康和長壽的預測指標。在本章，我們先來看看在教育和工作場所的部分。

英國國家 GCSE 考試成績

　　智力測驗的成績是否能夠預測一個人的學業表現，看出將來誰會獲得更高的學歷？或是成績較為優異？這個問題與首次使用智力測驗時很類似。在英國，智力測驗在二十世紀中葉的 50 年間曾廣泛使用，用來選擇 11 歲以上的兒童，看是要進入修業年限更長、更為學術性的中學教育，還是進入

較短、比較技能取向的中學教育。就是因為這項目的，所以這項測驗不受歡迎，尤其是在修業年限提高和教育變得更加全面之後。然而，在英國的學校中，仍然大量使用認知測驗，只是換了一個不同的名稱，也改變了測量目的。這些稱為「認知能力測驗」，而不是智力測驗。舉個例子來說，會用這些測驗來評估學校對學生在全國考試成績有何影響，這會需要知道學生入學時的認知能力。而在本書這裡，我感興趣的問題是，在 11 歲左右的一般智力測驗成績，是否可以用來預測學童在 16 歲左右時的國考成績。

下面我描述的數據集包括認知能力測驗（Cognitive Abilities Test，簡稱 CAT）。在第二章我們提過 CAT 智力測驗的題庫，之前已經描述過當中的各個題型和領域。英國每年約有一百萬兒童會參加這項測驗。在我們的研究中，檢視了超過七萬名兒童的測驗結果，我們使用的是 1997 年的 CAT 數據，是在 1997 ~ 98 學年度進行的。接受測驗的兒童為 11 歲。這個樣本群代表了英國的英格蘭地區的人口。將 CAT 的語言推理、數學推理和圖形推理等題型測驗的分數加總起來，便會得到一認知領域的成績。孩童在這些領域

中各題型間的分數全都高度相關，因此，我們計算出一般智力因素，這相當於是第一章圖示的階層結構的頂層。學童在CAT 測驗成績的高低差異，有將近 70% 可以用 CAT 的一般智力因素來解釋。CAT 一共涵蓋三個領域，其總分可用以衡量一般智力。儘管這個樣本群中有超過 35,000 名的男孩和女孩，但在一般智力得分上，他們的平均沒有差異。女孩在語言推理能力領域表現更好，在 IQ 量表得分上將近有 4分（標準差為 15）。

　　我們取得許可，能夠比對 1997 年七萬多名學童的 CAT分數與他們在 2002 年 5 月參加的英國普通中等教育考試（General Certificate of Secondary Education，簡稱 GCSE）的成績。這是學童在 15、16 歲時參加的國家考試，大概就是在他們 11 歲參加 CAT 測驗的五年後。GCSE 的分數，從最低到最高一共有九級。我們的研究檢視了 25 項不同的GCSE 考試科目結果。這些學童分別來自英格蘭的 973 所學校。我們使用的樣本占當年英國國家 GCSE 數據集總人數的五分之一以上。我們的研究僅納入主要的公立中學的學生，而且是參加相同 CAT 版本測驗的學生。在這些分析

中，學童人數至多為 74,403 人。

我們第一個要問的問題便是：在 11 歲時 CAT 的一般智力總分與在約 16 歲（大概是在五年後）的 GCSE 總成績之間，存在有多少的相關性？學生會參加 GCSE 中許多科目的考試。一般會取成績最好的八科成績總分來給每個學童評分。我們發現 11 歲以 CAT 評估的一般智力與 16 歲左右的 GCSE 八科最佳總分間的相關性為 0.72。這算是一個很高的相關性。學童不見得會報考 GCSE 所有的科目，他們可從 25 個科目中選擇。CAT 一般智力分數與 GCSE 中最熱門的英文與數學這兩科的相關性，分別為 0.67 和 0.77。在 GCSE 的 25 門科目中，每一科的成績都與 CAT 一般智力成績呈正相關，其中十一門的相關性大於 0.6。即使是在相關性最低的藝術與設計，CAT 一般智力測驗仍與其有 0.43 的相關性——這仍然很可觀。

儘管男女在 11 歲時的 CAT 一般智力的平均分數相同，但在包含二十五個科目的 GCSE 中，女孩有二十四科的分數更高，只有在物理這一科上，男女的分數相同。女孩的成績表現較好，這一點並無法用她們在 CAT 測驗中口頭表

達能力較高來解釋。這很重要。在這個龐大的樣本群中，女孩往往在 16 歲會取得比男孩更好的 GCSE 成績，儘管在 11 歲時她們的一般認知分數與男孩相同。GCSE 是在為下一個大考「普通教育高級證書」（A Level）作準備，這將決定他們的大學和職業，攸關未來的人生。

讓我們先回來談一下 CAT-GCSE 的相關性。要真正理解 11 歲的 CAT 一般智力分數與 16 歲的 GCSE 成績間的相關性，最好先認識一下那些報考相同 GCSE 科目的學生。圖 19 顯示這項分析的結果。當年總共有 13,248 名學生報考了英語、英國文學、數學、科學、地理和法語等 GCSE 科目。這六門報考率最高的 GCSE 科目與 CAT 測驗中的三個領域具有高度相關性，這是所謂的 F1 圈，又稱為潛在特徵，是基於三個領域高度相關，因此彼此相互關聯的概念。對於 11 歲以上的學童，我們將他們的 F1 稱為「CAT 一般智力」（CAT-based general intelligence）。請注意這六門 GCSE 科目的主題都與一項潛在特徵高度相關，這稱為 F2，這是根據這六門科目都彼此高度相關而推定出來的。在 16 歲以上的人身上，我們將 F2 稱為「一般 GCSE

成績」。這裡使用的統計程序是結構方程模型（structural equation modelling）。這套統計非常複雜，但不深入了解也無傷大雅，只要知道這項分析的目的是分別根據 CAT 和 GCSE 的分數來生成 F1 和 F2，並估計它們之間的相關性即可。11 歲時的一般智力與 16 歲左右的一般 GCSE 成績間的相關性為 0.81。這是高度相關，這表示人在 11 歲時的智力

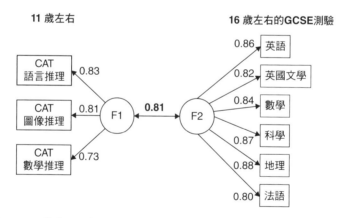

圖 19　11 歲與 16 歲左右認知差異間的關聯性。11 歲時是以認知能力測驗（Cognitive Abilities Test，簡稱 CAT）來計算學童的一般認知功能（F1），16 歲的認知功能則是以六門報考率最高的 GCSE 科目成績來計算出一般 GCSE 表現（F2）。（經許可轉載：Deary, I. et al. (2007). Intelligence and educational achievement. Intelligence, 35(1), 13–21. © 2006 Elsevier Inc. 版權所有）

差異是一項有力的指標，可以預測他們 16 歲時教育成果的差異。

　　教育成果無異是學生後續進入高等教育、職業和專業的門檻，因此這在實際生活中很重要。要是能夠在 11 歲前提升一個人的智力測驗分數，這就預示著之後可望有更高、更好的學歷。這裡，我們提供一個例證。英國政府教育部門是以在五科以上 GCSE 學科拿到前四等級（從 A* 到 C）分數來評估一個人的學業成績，這項標準有時也用作參與培訓和進入高等教育的門檻。只有 39,000 名左右的學生符合這個標準，有超過三萬名學生沒有達標。在 11 歲時 CAT 一般智力測驗達到平均分數的人中，有 58% 的人在 GCSE 測驗中有五科以上的成績分散在前四個等級（A* ～ C）。而在一般智力測驗成績高出一個標準差（15 分的 IQ）的人中，則有 91% 都達到這個標準。成績低於一般智力平均一個標準差（15 分的 IQ）的人群中，則只有 16% 的人達標。

　　上述這些關聯性這麼強的結果便是智力可當作預測指標的佐證。然而，在學童的 GCSE 成績中，還是有很多變異無法以 CAT 智力測驗分數來解釋的。事實上，在此我們

要強調的是，學童的智力測驗分數差異僅能解釋他們日後 GCSE 成績差異的一半或略多一點。也就是說，勢必還有其他因素也有重大影響。有兩項與智力測驗成績不相關的因素與 GCSE 成績的優良表現相關，一個是女性，另一個是 CAT 語言推理測驗拿到高分。我們無法對其他可能有利於獲得 GCSE 好成績的因素進行檢驗，不過我們推測可能的因素有：學校出勤率和參與度、人格特質、動機、努力、父母支持、教學品質和學校風氣等。在這整個脈絡中，智力高低並不是決定教育成功的主軸，但它是其中的一項重要組成。

工作選擇和工作表現

能否以智力測驗的成績來預測學生畢業後在職場的表現呢？下面我會用來探討這問題的相關數據是由已故的約翰·杭特（John Hunter）及其研究同僚朗達·杭特（Ronda Hunter）和法蘭克·施密特（Frank Schmidt）的研究結果彙整出來的一個大型資料庫。他們的研究主題在於工作選擇，是關於如何找到稱職的合適員工。他們提出了下列看似簡單

的問題：雇主在選擇員工時是否要參考一般心智能力（一般智力）的測驗成績？這裡的重點不在於應聘者，而是在選才的這一方，而且是環繞在一個相當實際的問題上。想像雇主挑選員工到其工作場所開始新工作的場景。選擇最有生產力的新員工的最佳方法是什麼？他們要如何判斷哪個人將會為他們的組織帶來最大利益？基本來說，就是在他們的錄用標準中，是否值得將一般心智能力測驗納入其中？

　　杭特和他的同僚很擅長進行後設分析，他們分析了招聘過程中的決定。他們爬梳的文獻橫跨 85 年的心理學研究，最後研讀並整理了數千份研究，以形成他們的結論。他們彙整出一份綜合指南，介紹要如何挑選稱職人才。儘管他們的研究報告中有很多專業用語，還充斥著各種統計數據，但它們傳達的訊息，倒是一目瞭然。招聘決定很重要：他們可以因此會賺很多錢，或是賠很多錢。在招聘時，重要的是要有一套公開和公平的選擇標準，這些標準要盡量與適合從事這項職缺的人的條件高度相關。這就是關鍵所在：挑選適任者的最佳方式是什麼？

　　杭特和施密特檢視了 19 種不同的人才挑選方式的相對

預測能力。從面試、智力測驗、試用期、判讀應聘者的筆跡（過去很流行的一種方法，尤其是在法國和以色列），應有盡有。圖 20 挑選出這些結果的部分總結，這張圖代表了將近一個世紀的數千項研究所累積的知識。

　　圖 20 柱狀圖中的每一長條代表一種不同的招聘方式，即選才標準。長條的高度表示一個人在此種選擇方法上的排名以及日後來工作表現的相關性高低。這一條越高，表示關係越強，也就是說這是一個好的選才方法。高度最高的那一條是工作樣本測驗。這種測驗是讓所有應徵者實際工作一段時間，並且評估他們的效率。然而這種方式的成本高昂，而且大多數的工作都不適合採用這類測驗程序。值得注意的是，結構化面試表現的成效比起典型的非結構化面試要來得好。推薦人意見檢核並不是特別有用。多年的工作經驗和教育背景也不是一人工作表現的良好預測指標。年齡不具參考價值。筆跡學，也就是筆蹟分析，並不能預測一人的工作表現；以這種方法來選擇員工不僅會因為選材錯誤而造成損失，而且也浪費了這項測驗的成本。這項標準有失公允，因為最終可能會基於與工作能力無關的因素而拒絕應聘者。

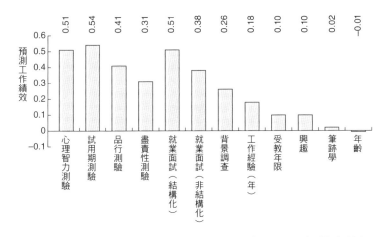

圖 20　測驗與工作績效相關的一些因素。長條越長，預測能力越好。數字是相關係數。

　　在圖 20 中，一般智力／心理測驗的長條相對較高，幾乎與試用期這項最佳預測指標一樣好。它確實提供了一些有用的資訊，可說明在許多類型工作的平均表現。而且這與其他選擇方法不同，幾乎可以普遍應用。這可以用在無法進行試用或準備高度結構化面試的職缺招聘上。與大多數其他方法相比，一般心理能力測驗快速、便宜且方便。在相對比較好的方法中，它的成本最低。回顧研究文獻，與任何其他選才方法相比，一般心理能力測驗勝出的證據確實要來得多。在研究中，這也比其他任何方法都來得多。

在聘用選才的決定過程中，一般智力測驗還有其他優點，它們能夠預測員工在工作中的學習成效能力，可以最為準確地預測誰能從培訓計畫中獲益最多，可說是最佳的預測指標。然而，一般智力測驗在工作成效的預測能力還是有所限制，並不適用於所有類型的工作。工作越專業，所需的心理能力越複雜，心理測驗分數對工作成效的預測力就越高。因此，心理測驗在非技能類工作上的預測力最差，而在預測專業和技能性工作成效方面較好。施密特和杭特在他們的研究報告中提出的結論是，「由於其特殊狀態，可以將 GMA〔一般心理能力或一般智力測驗〕當作是人事僱用決定中的主要衡量標準，並且可以將其餘的 18 項當作是 GMA 的補充參考。」

杭特又進一步提問，假設已經用了一般智力測驗，那搭配其他哪些選才方法最能提升預測力？最好的是品行測驗，這又增加了 27% 的預測能力。提供工作試用期與結構化面試都會增加 24% 的額外預測能力。要是可能的話，較為明智的的選才策略是除了進行一般心理測驗之外，再添加其中一種或多種方法。在這類情況下，採用多種方法是明智的，

因為這有助於做出更好的決策。像是另外針對責任感的測驗以及背景調查，也是對一般心智能力測驗有效的補強。

若是要尋找一批能夠勝任一系列工作的人，而不是隨機挑選，那麼智力測驗會是有用的，但它無法完美地預測人的工作表現。還是有可能會僱用到不擅長工作，或是難以相處的員工。但是，整體上，在選才的各項方法中，最好要納入一般心智能力測驗。

施密特和杭特在後來一篇非系統性的評論中還提出了其他有用的要點。根據 980 篇研究報告，不論工作的複雜性如何，智力成績都與工作培訓績效間有很強的相關性，介於0.54 ～ 0.65。他們回顧的證據駁斥了特殊專長可能會比一般智力更能預測工作培訓效果的想法；一般心智能力其實有更好的預測力。一項顯著的發現是，隨著工作經驗的增加，一般智力測驗對工作表現的預測也一樣好，甚至更好一點。他們在回顧報告中，也花了一些篇幅來探討智力與工作績效間何以會出現高度相關的原因，他們的結論是，工作知識這項干預因素：「GMA〔一般心智能力〕較高的人會獲得更多的工作知識，而且速度較快。」他們最後以下面這段話來為

他們的文章作結：「大約一百年前，斯皮爾曼（Spearman, 1904）提出 GMA 的結構是人類事務的核心。本文回顧的研究在工作領域中支持他的這項論點，這是對個人、組織和整個經濟至關重要的生活領域。」

超越智力的成功人生

為了避免過於簡化的指責，讓我再重複一遍，我們都知道人要成功，需要的不僅僅是大腦，有時甚至根本不需要用到太多的大腦。讓我們再回到沃爾特·史考特爵士的《凱尼爾沃思》，年輕的沃爾特羅利知道他可以超越那些年邁和不太成功的朝臣，這是基於一些他身上非認知功能的特性，年輕人（羅利）回答：「先生們，為什麼你們就像沒有莊稼的一片大好土地？因為沒有施肥啊；但我內心有一股上升的精神，我的野心會讓我的大腦保持運轉，讓我可憐的身軀努力跟上步伐，我向您保證。」

在此，我們也要再度重申與強調，單憑高智商遠不足以在人生中獲得成功，儘管有些證據顯示，智商高的人可以獲

得較多的成功。若是想了解年輕時認知能力高得驚人的成功人士有多成功，我推薦大衛‧盧賓西（David Lubinksi）和卡米拉‧本博（Camilla Benbow）的著作。他們提到，那些在 13 歲時數學推理能力排名在前 1% 的人，在 40 年後步入中年時，成為頂尖大學的終身教授、財富 500 強企業公司的高層管理人員，以及大公司的律師的機率確實比較高。他們會出版大量書籍、研究文章和申請專利，也能獲得研究經費。

智力可用來預測職業和教育的成功，這便是本書論及「財富與智慧」之處。接下來，讓我們看看智力與「健康」的關係。

第八章

智力對健康和長壽是否重要？

　　「心理測驗的終極有效性」：這醒目的標題是 1992 年發表在學術期刊上的一篇文章。作者是布萊恩・奧圖爾（Brian O'Toole）和拉薩・史坦可夫（Lazar Stankov）。他們檢視了越戰期間澳洲士兵的數據，最後得出的結論是：「一般智力測驗⋯⋯是中年死亡率的良好預測指標」；也就是英年早逝的可能性。過去幾十年來，智力測驗一直用於教育和工作這些場域，如第七章所述。他們的這項研究則另闢蹊徑，企圖提問可否用智力測驗來預測健康甚至死亡？這個新領域稱為認知流行病學（cognitive epidemiology）。要認識這領域，可以用一個比較全面的例子，讓我們看看在 11 歲時接受智力測驗的整個人群與他們的壽命的關聯，當中最長壽者，在測驗後活了 68 年。

1947 蘇格蘭心理調查

　　當年是由凱瑟琳・卡爾文帶領我們進行這項研究。在關於可否以兒童的智力來預測壽命長短的追蹤研究中，這是唯一一項有納入近乎整個人群的研究。

　　1947 蘇格蘭心理調查是在 1947 年 6 月 4 日星期三這天舉辦，當時測驗了在蘇格蘭地區就學的 70,805 名兒童。這些學童全都出生於 1936 年。當年做的一般智力測驗是第十二版的莫雷教育學院測驗（Moray House Test No. 12）。在出生於 1936 年的蘇格蘭兒童中，這群人約占了 94% 的比例。我們試著找出在這 70,805 人中存活至 2015 年 12 月 31 日的人，也就是當年 79 歲的人。至於那些已經過世的，我們則試著找出他們的死因。我們想要探究的是，他們在 11 歲的智力測驗分數是否與活到 79 歲有關。我們想知道兒童智力是否與某些死因有所關聯，又與哪些死因無關。

　　要回答這些問題，必須將 1947 蘇格蘭心理調查的數據與這批受試者的健康記錄進行比對。請記住，11 歲女童的姓氏，可能因為婚姻，而與後來出現在健康記錄中的姓氏不同，而這只是要在幾十年後追蹤那七萬多名受試者的其中一項困難而已。在獲得蘇格蘭註冊總署（Registrar General of Scotland）許可後，我們請蘇格蘭國家記錄管理局（National Records of Scotland）將 1947 蘇格蘭心理調查的數據與蘇格蘭國家衛生服務中心登記處的醫療記錄連結起來。在測驗後

的幾年間，大約有 10% 的蘇格蘭學童搬到了英格蘭和威爾斯。為了資料完整起見，我們也想將他們的智力測驗分數與生存狀態連結起來。MRIS 的集成數據庫和管理系統將英格蘭和威爾斯的 NHS 中央註冊局的醫療紀錄連結起，我們將所有追蹤到的受試者的生命狀態都記錄下來，並根據國際疾病分類系統來分類身故者的死因。光是上述的資料連結這步驟，在這份研究中就花了我的團隊將近三年的時間。

在 1947 蘇格蘭心理調查的 70,805 名接受測驗的兒童中，截至 2015 年 12 月 31 日為止，我們追蹤到當中 65,765 名的健康記錄。那些當時還在世的人應該是 79 歲，在 11 歲參加第十二版莫雷教育學院的一般智力測驗後又生活了 68 年。我們追蹤到的人數超過 1947 調查總人數的 92%。平均追蹤時間為 57 年；當中有 25,979 人已經往生，在世者有 30,464 人。生死不明者有 9,322 人，這包括從英國移民過來的人、不存在於醫療記錄中的人，以及其他一些少數人。

我們發現智力測驗成績與存活率間存在有正相關，這是在 1947 年 6 月 4 日為 11 歲學童進行的一般智力測驗成績與 2015 年 12 月 31 日的的存活率間發現的關係。下面是以

簡單的數字來呈現的結果：平均而言，在智商量表上，一學童若是高出 15 分，那在 11 歲到 79 歲這段期間，死亡風險會降低約 20%。這項結果的穩健性（robustness）的信賴區間（confidence interval）為 95%──這個數字表示實際值落在這範圍內的可能性。在這個例子中，95% 的信賴區間為 22% ～ 19%，這代表上面這個 20% 的估計可能相當準確。

上面這是將所有死因加總在一起的結果。接下來我將描述一些具體的死因，以及這些分別與兒童智力測驗分數的相關性。這當中有超過 9,500 人死於心血管疾病。11 歲時智商高出平均 15 分與 79 歲時死於心血管疾病的低風險有關，下降了 24%（95% 的信賴區間為 25% ～ 23%）。

圖 21 顯示出 11 歲時的智力測驗成績與 79 歲前死於心血管疾病間的關聯。我們將智力測驗成績分為十組，從最低到最高。在真正分析時並不是採用這種分法──研究中是用所有個人的實際測驗分數──這裡的分組是為了方便說明。沿著圖表底部橫軸的數字是將智力測驗分數乘以十分之一。IQ 得分最低的那組設定為參考組（Reference，簡稱 Ref）。左邊的縱軸是死於心血管疾病的風險，稱為風險

比率（hazard ratio）。將最低分的參考組的風險比值設為
1.0，這樣便可以比較各組間的關係。現在先找出圖上最左
邊的點，這是 IQ 最低分的參考組，其風險比值為 1.0。請
注意右邊的其他九個點在垂直方向上都有延伸出 T 形的線
段，這些代表的是 95% 的信賴區間，它們都很短小，這表
示這些估計值的穩健性很高。從參考組向右移動，風險比率
穩定下降。這一點很重要，它表示在 11 歲的智力測驗成績
越高，到 79 歲前死於這項因素的風險就越低，這是一穩定
下降的趨勢。兒童期智力較低與早年死於心血管疾病間的關
聯並不僅限於智力測驗成績偏低的各組。即使是智力成績居
次的第二組，其表現也不如成績最高的。找出圖中最右邊的
那一點，這是兒童智力成績最高的一組。他們的風險約為
0.4；也就是說，與得分最低的那組相比，79 歲前他們死於
心血管疾病的風險減少了約 60%。這似乎代表著，童年時
期的智力在預測人是否會在 79 歲前死於心血管疾病上，是
個重要的指標。

還有其他死因的致死風險會隨著智力測驗成績增加而穩
定下降，這包括冠狀動脈心臟病、中風（這兩種也歸類在心

血管疾病中）、與吸菸有關的癌症、呼吸系統疾病、消化系統疾病、癡呆和受傷等，高智商對上述這些風險全都有保護效應。其中關聯最強的是呼吸系統疾病，11 歲時智商高

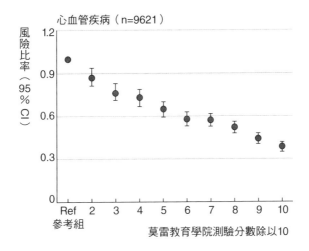

圖 21　這是卡爾文等人的研究報告中 12 張圖表中的其中一張，顯示 11 歲時的智力測驗分數與 69 年後死於各種原因的可能性關聯。底部是用以測量一般智力的莫雷教育學院測驗分數，取其十分之一；「Ref」是得分最低的組，10 是得分最高；有 9,621 人死於心血管疾病。在左欄，將得分最低的參考組的風險比率設定為 1。請注意，風險比率隨著智力測驗成績增加而穩定降低。得分最高的那一組的死亡風險比最低組的少了 40%。（轉載自：Calvin, C. et al. (2017). Childhood intelligence in relation to major causes of death in 68 year follow-up: prospective population study. BMJ, 357, j2708. CC BY 4.0.）

出平均 15 分者，在 79 歲前死於這項原因的風險降低 28%
（95% 的信賴區間為 30% ～ 26%）。與智商最低的那組相
比，高分組在 79 歲時死於呼吸系統疾病的風險低了將近
70%。兒童期智力較低也與男性的自殺死亡有關，但在女性
中則不然。唯一與兒童智力無關的死因是與吸菸無關的癌
症。

當大家聽到這結果，發現大多數的主要死因都與兒時智
力有這樣強大且近乎全面的關係時，大多數人都會對此感到
非常好奇，想要知道為何會出現這樣的關聯。在這項研究
中，我們有取得部分受試者在進行智力測驗時的社會經濟狀
況的資訊。以此社經因素來校正比對結果後，幾乎沒有產生
什麼變動，可見一個人的社經狀況並無法解釋這一現象。

在這項研究中我們還分析了另一個蘇格蘭樣本群，這當
中收錄有受試者成年後的社會經濟狀況以及是否吸菸的資
訊。將這些因素納入分析，進行校正調整後，在某些死因
上，智力與死亡率間的相關性減少了四分之一，有的甚至將
近三分之二。然而，智商高出平均 15 分的優勢仍然存在，
還是會降低 23% 死於呼吸系統疾病的風險，以及 21% 死於

冠狀動脈疾病的風險。吸菸和成年期的社經地位充其量只能部分解釋智力與死亡的關聯。我們也討論了教育程度的可能作用，在其他研究中，有發現若是將教育程度納入統計分析，也會減少智力—死亡關聯的大小。然而，我們認為這一點很有爭議性，因為正如在第七章中所看到的，智力越高學歷也越多（高）。因此，在分析中調整教育因素時實際上可能也連帶調整到智力因素的部分。稍後在本章將會探討為何童年時期的高智力可能與長壽有關，並且還可以防止多種不同原因導致的早逝。

青年期的智力與全因死亡率

在另一項同樣也是由凱瑟琳・卡爾文領導的後設分析中——這項研究進行的時間早於上面討論的那項——我們發現有了 16 份研究文獻發表了青年期智力測驗分數與各種死因間的關聯。所有這些研究的樣本群都是一般的同齡群。這些研究分別在五個國家／地區進行：分別是英國（7）、美國（5）、瑞典（2）、澳洲（1）和丹麥（1）。規模最小的研究有 862 人；最大的有將近 100 萬人——那是針對瑞

典應徵入伍的男性所做的調查。這些智力測驗主要來自軍事徵兵紀錄或學校測驗。智力測驗是在受試者 7 歲到 20 歲之間進行的。這些研究是在 1988 ～ 2009 年間發表。事實上，在 16 篇研究中有 15 篇是在 2001 ～ 2009 年間發表。總體而言，這 16 項研究的受試者超過 110 萬人，其中有超過 22,000 人已經過世。追蹤時間的長度從 17 年到 69 年不等。

這項後設分析的主要結果是，青少年時期的智商高出 15 分時，與追蹤期間死亡風險的降低有關，少了 24%。關聯性的大小在男性和女性中相似。由於瑞典應徵入伍者的研究規模非常大，我們在移除那項研究的數據後再重新計算一次果，但先前發現的關聯並沒有因此改變。兒童期的社會優勢與智力—死亡率關聯無關。有些研究提供了關於受教程度和成人期社會經濟地位的資訊。將這些因素納入分析，進行調整後，智力與死亡率間的關聯性減少，約是介於三分之一～二分之一。然而，就跟我們前面提過的，教育程度和成人期的社會經濟地位在一定程度上本來就會反映早期智力的高低。

讓我們總結一下到目前為止的討論。兒童期的智力測驗

分數較高與長壽間存在有密切關聯，並且會降低死於多種原因的風險。當我們查看接下來的研究時，我們還會發現，平均而言，童年期智力較高的人罹患各種疾病的風險較低，成年後更有可能採取更多有益健康的行為。所有這些研究──除了越戰時期對澳洲士兵取得的開創性成果──都是在二十一世紀進行的。

　　2001 年，我和勞倫斯・惠利發表了第一篇發現兒童期高智商與長壽相關的研究。這份研究使用的是 1932 蘇格蘭心理調查的一個樣本群。這兩者間的相關程度與之前提過的那份規模更大的研究所發現的相關程度類似。我之所以在這裡提到這篇文章，是因為在 2001 年的這篇文章中，我們討論了兒童智力與健康和長壽關聯的四種可能因素，而且這些都不具有互斥性（non-exclusive causes）（譯註：在統計上，說兩事件彼此互斥，是指一事件發生時另外一事件便不可能發生，若不具有互斥性，就表示這些可能同時發生。）。它們分別是：

1. 兒童期的智力測驗成績可以當作在那個年齡層累積的身體傷害的指標，因此整體而言，可當作偏離最佳健康狀

況的部分指標。

2. 兒童智力測驗成績較高可能代表從出生或更早之前身體健康的整體狀態；這個概念稱之為「系統完整性」（system integrity）。

3. 兒童智力測驗成績較高可能會提高日後接受教育的機會，以及隨後從事專業工作的可能性；這可能對健康有益，好比說在較為安全的環境中活動。

4. 兒童智力測驗成績較高可能學到較多有益健康的行為和生活模式。

自從我們在 2001 年提出這份清單以來，主要再添加的一項因素是遺傳，這可能也會同時影響到智力和健康結果（包括長壽）。之前在第四章曾提到這方面的一些證據，描述過智力與許多健康因素間的遺傳相關性。

上面這項屬於認知流行病學的領域，這類研究有部分是在探討，除了長壽之外，智商高是否會降低一個人罹患某些疾病的風險，以及採取有益健康的行為。光是這些結果的本

身就很有趣。不過還有另一個層面也很有趣，這或許有助於
解釋智力—死亡相關性的部分關聯。

1979 全國青年縱向調查

　　這是我們團隊進行的一項分析，由克莉絲汀納・洛
（Christina Wraw）領導這項計畫。「1979 全國青年縱向調
查」是以美國的樣本群為主，受試者共有 12,686 名。之前
在第三章曾提過這項調查。他們是在 1978 年底，介於 14 ～
21 歲的年齡層代表。在 1979 年首次接受測驗，當時還提
供了健康、社會因素、就業和態度方面等數據。直到 1994
年，每年都會進行一次面談；之後便是每兩年一次。在研究
開始時，他們接受了一項稱為「參軍資格測驗」的一種智力
測驗，當中包含算術推理、數學知識、詞彙知識和段落理解
等四大題型。

　　在這項研究中，我們是以 2012 年調查的健康數據來進
行分析，當中收集有超過 7,000 名受試者的結果。一共評估
了 16 種健康狀況，這些數據來自 5,793 名受試者在 50 歲前

後所完成的「健康模組」調查；其中九種情況是在問及曾否有醫師診斷他們患有特定疾病的答案來推定。

青年期的智力測驗成績越高，在 50 歲左右時診斷出患有多種常見疾病的風險就越低。這些結果以在智力測驗分數中智商每高出 15 分的情況來表示一疾病診斷風險降低的百分比。青年期的高智商與在 50 歲時診斷出以下疾病的低風險有相關：高血壓（20%）、糖尿病（15%）、慢性肺病（29%）、心臟病（21%）、充血性心臟衰竭（34%）、中風（35%）和關節炎（16%）。智力不僅與壽命長短有關，還與中年時診斷出許多疾病的可能性有關。

在我們的研究報告中，其他的健康結果則來自於自我報告的問卷調查。結果發現，在青少年時期智力測驗成績較高的受訪者中，身體健康和整體健康狀況較佳，而且行動困難者較少。

在將兒童期社經狀態這項因素納入考量，加以調整校正後，結果幾乎沒有差異。就此來看，童年期家境貧困並不能夠解釋智力—健康的關聯。我們還考量到成人期的社經狀

態，即教育、收入和職業等組合，以這些因素來進行調整校正。在將這些因素納入分析後，智力─健康的關聯大幅減少。我們對此的推論是，這無法完全解釋這現象。童年智力對中年健康狀況的保護作用有可能是透過成年期的社會優勢展現出來的。另一種可能是，教育程度、收入和職業狀態，這些在某種程度上都可代表智力測驗的成績。在成人社經狀態的個別指標中，相對貧困似乎可以部分解釋智力低下和健康狀況不佳間的關聯。

　　克莉絲汀納・洛和我們的團隊還發表了另外兩組結果，這也是來自同一份 1979 全國青年縱向調查的數據集。在第一項分析中，我們檢視了受試者在 50 歲時的心理健康狀況。根據標準問卷評估，青年期智力測驗得分較高的受試者在中年時憂鬱程度較低。他們報告的睡眠問題較少。青年期智商高出 15 分優勢的年輕人，在 50 歲時報告心理健康狀況不佳的風險降低了 22%。不過，青年期智商高者，在他們生命中的某一階段表示曾被診斷出患有憂鬱症的可能性則略高一些。我們推測，之所以會出現後者這種狀況，可能是因為智力較高的人往往具備較好的健康知識，會更清楚地意識

到這些症狀，並且尋求幫助，採取一些措施。又或者是，這可能與美國的健康保險規定有關，可能需要先拿到診斷，才能申請治療費用。在心理健康這項因素上，也是同樣的狀況，以兒時社經狀態來進行校正調整對結果影響不大，但調整成人期的社經狀態後，確實大幅降低智力—心理健康關聯。

克莉絲汀納·洛又繼續帶領我們檢視 1979 全國青年縱向調查，發表了第三篇報告。這次我們檢驗了 50 歲受試者的青年期智力與其健康行為間的關聯。平均來說，青年期智商高出 15 分的人，在 50 歲時吸菸的可能性要低了 40%，在前一個月喝了六次以上酒的可能性降低了 33%，使用牙線的可能性增加了 47%。在此我不會列出所有的相關性數據，但那些在青年時期智力測驗成績較高者，在 50 歲時也更有能力進行適度的心血管活動和重訓；近來很少喝含糖飲料；在購物時較常會讀取商品的營養資訊。

有時會有人問我這個領域的研究到底有何意義。若是基於研究來回答，我會說我們是要找出何以在健康上存在有社會不平等的原因，並且發現智力差異可能在其中扮演一定的

作用。不過還有個更貼近現實的答案，找出並效仿那些聰明
人促進健康的作為，這可能是個好主意，因為平均來說，他
們看起來更健康，更長壽。有大量證據顯示，青少年智力較
高與成年後行為更健康、患病風險更低和壽命更長有關。但
是要找出這些關聯之所以存在的原因還需要進行很多研究。

第九章

智力是否
會世代遞增？

在 1940 年，心理學家拿尺來測量年紀 30 歲人的身高，並拿一份大家熟知的智力測驗來測量智商。接下來，到了 1970 年，再找一位 30 歲的人，用同一把尺和同一份智力測驗來測量身高和智商。若他們的身高和智力測驗成績都相同。我們可以說這兩人的身高和智商是一樣的嗎？身高的部分可能沒問題，但智商的部分可能是錯誤的。這問題在於所謂的「弗林效應」（Flynn effect）。

智商上升的弗林效應

這裡要談的主要研究人員是紐西蘭奧塔哥大學（University of Otago）的政治科學家詹姆斯・弗林（James Flynn）。弗林第一件引起科學界嚴正關切的是，心理測驗公司得經常重做他們的分數標準。這個聽起來相當無聊的技術問題其實是智力研究領域一大難解的謎題。當心理學家跟心理測驗公司購買一份心理測驗時，他們會收到測驗問題和解答，以及以進行測驗的標準方式的說明。但心理學家還需要另一樣東西。光是得到一個人的測驗分數毫無意義，除非心理學家能得知低分、高分和平均分的參照。因此，測驗組

中還會附帶一份常模分數（normative scores）或稱「常模」（norms）的小冊子。這當中有一系列表格，顯示出任一分數在相關人群分數中的高低。通常這是按年齡劃分的，因為有些考試成績會隨著年齡的增長而變化（第二章）。如此一來，心理學家就可以查出受試者與同年齡層的相對表現如何。通常來說，常模表會以百分比來顯示，查出受試者的得分高於或低於多少比例的人。若是曾將自己孩子的身高與同族群平均身高比較過的家長，應當會這種對常模的參考方式很熟悉。

弗林注意到智力測驗的常模表每隔幾年就必須更新一次。隨著新一代成績的加入，與幾年前的同齡層相比，他們的測驗成績變得太好。考試題目似乎變得越來越容易。在公司製作出常模表後的一兩代中，後一代特定年齡的「平均」得分就會高於上一代的同齡層的「平均」。例如，在1980年代接受測驗的20幾歲的人，就比1950年代接受同一測驗中的20幾歲的人成績更好。這些過去的常模漸漸離開常態——弗林稱它們「過時了」。

智力測驗公司對他們的測驗常模過時的因應措施便是將

這些測驗「重新常模化」。常模表就會改變。因此,隨著時間過去,在任一百分比等級的分數上,要獲得高於同齡層的分數,變得更加困難。好比說,若是在 1950 年和 1970 年的同一份試題中獲得相同的成績,那麼在 1950 年的智商會比 1970 年高。更糟的是。要是有人在測驗機構使用舊有常模的最後一天參加測驗,並取得智商分數,那麼在查看常模表時,會判定該人的成績比同齡人高出一定比例。若同一人在新常模實施的第一天(也就是在一天後)參加了同樣的測驗,那麼同樣的分數卻會讓他們拿到較低階的智商。事實上,測驗公司並不會一直更新常模表。他們採取的另一種策略是增加測驗題目的難度,這樣一來要獲得相同的智商成績,就得接受難度更高的新測驗,才會落點在一群同齡人中的同一位置上。

總而言之,在整個二十世紀的進程中,與前幾代的同齡人相比,在一些著名的智力測驗中都可看到新世代得分提高的趨勢。正如平均身高與前幾代的人相比也在增加一樣,世人開始猜想人的智力是否在提高。

弗林在 1984 年發表的這些結果無異是為智力測驗的使

用者敲了一記警鐘。「每個人都知道」必須要經常重新常模化測驗，但弗林將這些效應量化，並闡明其後果。他在這篇精彩的心理專文中，宛如偵探一般地量化這些影響。他在文獻中搜尋，讀遍所有他能找到針對對同一群人進行過兩次不同的智商測驗，而且這些測驗的常模的測量至少相隔六年。這正是關鍵所在。弗林要問的是：與早期和晚期的常模相比，樣本群的智商估計值是多少？為了要找出明確的關係，他決定只鎖定美國白人的樣本群。他一共找到了 73 份研究，一共有 7,500 人，年齡從 2 ～ 48 歲不等。這些研究所使用的智力測驗包括史丹佛—比奈智力量表（Stanford-Binet）和魏氏量表（Wechsler），這些都是當時最常用，也是效度最好的幾項智力測驗。

弗林發現，根據舊常模所估計的智商會高於相對晚近的新常模。仔細檢視他所收集的所有樣本，發現從 1932 年到 1978 年間，這種效應相當穩定地存在。在那段期間，美國白人每年智商提高 0.3 分以上，整段時期大約提高 14 分。在二十世紀中葉，美國人的智商大幅上升。弗林警告說，「如果在不同時間對史丹佛—比奈智力量表和魏氏量表進行

這兩種智力測驗進行常模化，晚期的測驗很可能會比前期的測驗難，分數差在 5 分或 10 分，並且會導致任何假設這些測驗難度相等的研究人員作出誤判……考慮智力測驗的過時問題就跟在經濟分析中考慮通貨膨脹一樣重要。」在完成他對這一主題的第一次大規模研究後，弗林提出了三點來解釋美國在幾個世代間智商成績出現「巨大進步」的原因。

首先，這可能來自人為誤差。成績增加可能「不是真的，只是抽樣誤差造成的」。也就是說，長時間下來，測驗公司在招募建立常模的人群時，可能有吸收到較多聰明人的傾向。但這不太可能普遍地發生，導致所有後來的常模樣本都比所有早期的樣本更聰明。即使這能夠部分或全部解釋這件事，舊版和新版的智力測驗成績間的差異仍是過大。

其次，這可能來自測驗本身的複雜性。後代實際上可能並沒有變得更聰明，他們或許只是基於一些有待確定的未知因素，而在測驗中得到更高分。可能是因為長時間下來作題經驗的累積，這可以讓人在參加智力測驗前準備的更好。也或許是測驗題目外洩。

　　第三點，他們的智力可能真的增加了。若是智力測驗分數的前後差異真的代表智力提高，那就很難解釋了。弗林試圖檢驗導致下幾代人智商提高最有可能的因素：社會經濟的改善。然而，他認為若是僅以生活水準來解釋所有的智商變化，那需要的是幾乎不可能的巨變。

弗林發現「14 個國家智商大幅提高」

　　在弗林首次發表他的研究的三年後，在一篇回顧性的評論文章中，他想要更明確地找出造成智商成績提高的來源。他將樣本群的範圍擴大到美國之外，尋找跨代收集的智力測驗成績的報告。他描述了那次的搜尋工作：「簡單來說，收集數據的方法是透過問卷、信件或個人要求（通常是三者兼有），將這些寄送給我認識的所有對智商趨勢感興趣的研究人員，主要是透過於學術信函和出版品交換來進行。他一共聯繫了分散在 35 個國家的 165 名學者。弗林的一些最穩健的數據來自軍方，在那些幾乎所有年輕人都要服兵役的國家，在入伍時都會進行智力測驗。圖 22 顯示出弗林收集到的一些數據。

　　要如何解讀圖 22 呢？左側的縱軸是代表智商的分數。上方標示有弗林獲得很好數據的幾個國家。在每個國家或地區，可取得的最晚近的智商數據全都設為 100 分，這些便是五條垂直線的頂部。同時也設定這個 100 的智商便是該國樣本群的平均值。在圖中的這五個國家，每一個國家都曾在過去對同一群人進行過測驗，日期標示在垂直虛線下方，括號中是早年測驗的較低智商成績。請注意，每條垂直線上的點及其對應的日期：這些日期是進行智商測驗的時間。從這些點／日期往左邊顯示 IQ 分數的縱軸對應，這些數字便是在那個日期同一群人的平均智商，這是將其以與最晚近測

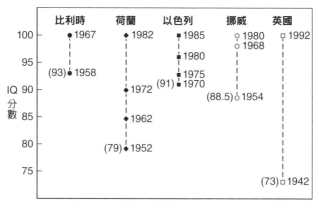

圖 22　許多國家都出現智力測驗成績在幾個世代之後變高的情況。

驗的人群分數相比（平均定為 100）。所有這些測驗地點的平均智商理當達到 100。但事實並非如此。所有地點，凡是早期接受測驗的，估算出的平均智商就是會比較低。弗林最初在美國白人身上發現的效應的也發生在其他國家。弗林將他 1987 年的這篇論文定名為〈14 個國家智商大幅提升〉（Massive IQ gains in 14 nations）。

以荷蘭為例。自 1945 年以來，荷蘭軍方幾乎對所有荷蘭年輕男性進行了瑞文氏矩陣推理測驗（Raven's Progressive Matrices），他們在 60 道題目中，挑出了 40 題來測驗。因為這項測驗是針對一整群人，所以幾乎不用擔心在往後幾年進行測驗時會有前面討論的抽樣問題，也就是招募來的人群中較多高智商的，導致出現聰明偏差。瑞文氏矩陣測驗的是一種圖像式的抽象推理心智能力，普遍認為很適合用來測驗一般智力。弗林在檢視這些數據後，發表了幾個年度在 40 道題中答對超過 24 題的年輕男性的百分比。這些數據如下：

1952 年：31.2%

1962 年：46.4%

1972 年：63.2%

1981 ～ 2 年：82.2%。

將最晚近的 1982 年的平均智商分數設定為 100，這樣便可以根據達到及格率的百分比回過頭來比較前幾代人的平均智商分數為多少？圖 22 顯示出在 1972 年荷蘭男性的平均智商約為 90，1962 年約為 85，而在 1952 年時則低於 80。這種子孫後代智商增長的額外證據來自於父子比對，可以將在 1981 ～ 82 年接受測驗的 2,800 多名男性與他們在 1954 同樣也接受測驗的父親相比，兒子的智商比 27、8 年前接受測驗的父親那一代高出了 18 分。也就是說，即使在基因相關且生活在相同文化中的人群中，本來期待會看到相似的平均智商，沒想到依舊出現了這種令人費解的效應。

在圖 22 中，約莫在同一時期收集到的挪威數據也展現出後代成績偏高的情況，只不過增加幅度沒有荷蘭來得大。比利時的軍方數據顯示，在 1958 年至 1967 年這段相對較短的時期內，智商提高了 7 分。而紐西蘭的兒童在 1936 年至 1968 年這段期間，平均智商也提高了 7.7 分（數據未顯示）。另外兩組大量數據的比較顯示出：以色列人在 1970

年到 1985 年的這 15 年間，智商提高了 11 分；而英國人的
平均智商從 1942 年的 73 分上升到 1992 年的 100 分。

如果這些分數變化真的反映出智力的實質變化，那麼
英國的增長情況便是闡明這項效應的一個很好的例子。與
1992 年的 100 分平均值相比，1942 年的平均值低到不可思
議，這代表那時的一般人存在有嚴重的學習障礙。這不禁讓
我懷疑，這些測驗成績的增加是否真的是在反映更好的腦
力。

讓我們來總結一下弗林對這 14 國的樣本數據分析。他
發現在兩個世代之間（一代為 30 年），智商提高了 5 ～ 25
分，平均為 15 分。這些數據是驚人的發現，代表著智力測
驗分數中的一些文化轉變，對智力領域的研究人員來說特別
具有挑戰性。

在這智商成績上升的「弗林效應」中，一項令人意外
的發現是，最大的效應往往發生在所謂的文化減低測驗
（culturally reduced test）中。在這類不易透過教學而習得的
測驗中，智商的提高最為顯著。瑞文氏矩陣推理測驗就是世

代成績差異偏高的一個例子。然而，瑞文氏矩陣推理測驗的題目是要尋找能夠完成抽象模式的正確答案，當中既沒有文字，也沒有數字，因此沒有什麼解題技巧可以教，不會因為世代經驗的傳承而讓後代做得比前一代更好。弗林在檢視他收集到的龐大數據集後，也證實了這一點：

> 　　因此，學界對於世代智商提高的顯著性達成一共識，就是看是否會在瑞文氏這類文化減低測驗中表現出這效應來。這類測驗盡可能地放大了解決的能力，並盡量減少對具體技能以及對單詞和符號熟悉程度的需求。（有）強有力的數據顯示，在縮減文化差異的測驗中都出現明顯的成績提升：比利時、荷蘭、挪威和艾德蒙頓在 9 ~ 30 年的時間中出現 7 ~ 20 分的進步；若是將長率乘以 30 年，這代表著當前的這一代人在此類測驗會高出約 12 ~ 24 分。就目前來自其他國家的初步數據來看，結果完全符合這項估算。這解決了一直以來的爭議：自 1950 年以來，智商的提高反映出人類解決問題能力的大幅提高，而不僅僅只是因為學習內容的增加。

　　弗林效應就此獲得公認。它的重要性反映在同名的這本書上，也反映在自 1980 年代後期以來，就一直引發學界的關注。美國心理學會（American Psychological Association，簡稱 APA）當時還召開了一場全體會議，並出版了一本書，當中有許多專家在書中試圖回答這一效應。在此，我們可以很輕易地為這場大會做出一個正確的結語，專家對此都感到傻眼。他們對弗林效應的回應主要可分為兩種。

　　第一種是暗示弗林效應真有其事，這標誌著在二十世紀連續幾代下來，人的腦力實際上真的提高了。選擇這種說法的人認為身高也是個很好的範例。在整個二十世紀，人類的身高不斷增加，這可能是因為營養和整體健康狀況改善，那麼為什麼智力不行呢？但弗林本人並不同意這種講法。他的結論是，在荷蘭和法國等國家，智商在幾代人之間出現大幅進步，那表示現在的教師所面對的學生應該是班上有 25%是極有天賦的，而天才的人數理當增加個 60 倍：「這樣的結果應該是一場文化復興，大到不容忽視。」弗林查閱了1960 年代後期至今的法國和荷蘭報紙，還有與教育有關的期刊，卻沒有發現新一世代的人在智力成就上有任何顯著的

提高。

學界對弗林效應的第二個回應則是認為這是一種假象，是人為誤差。也就是說人並沒有一代比一代聰明，之所以發生這樣的效應，只是因為人對心理測驗的題材變得更熟悉。兒童玩具、雜誌、遊戲、電視節目等，這些都可能包含有類似智力測驗題目的材料，因此在測驗中遇到這些題目時會答得更好。弗林效應主要發生在電腦進入日常生活前。因此，電腦並不是促成智力測驗分數上升的原因。

關於這項效應，弗林特別強調：這項發現並不會減損幾代人心理測驗成績的有效性。心理測驗成績，儘管長時間下來出現「重大進步」，但仍具有可靠性，以及預測教育和工作表現成功的能力，只是這樣的評比僅限於同世代的。正如在第四章所討論的，弗林效應也不會改變遺傳對智力測驗成績的影響程度。同樣地，儘管全球人口平均身高有所增加，但遺傳對身高這一特性的影響仍然較大。關鍵是在二十世紀中葉，許多國家的環境或文化中有某件事導致認知能力測驗分數大幅上升。許多研究人員認為這一定是來自於環境，因為在一些跨世代的樣本群中有包含許多父子。

　　弗林對此提出了一個很有說服力的觀點，他要求我們反思出生時間相差大約一世代的人會產生 15 分的智商差異的這件事。我們無從解釋這種分數的變化，這原因神祕難解，連專家都說不出個所以然來。由於他找不到任何證據能夠證明當代人的成就優於前幾代人，弗林的觀點是，像瑞文氏這類的智力測驗其實並不能衡量智力，而只是在衡量與智力相關的某種特性，也就是他所謂的「抽象的問題解決能力」。此外，他堅信，這種能力在連續幾代間就會產生 15 分的差異，而這些成績差異勢必來自某個環境因素。他最後的結論是，智力測驗的成績差異不能夠當作是不同世代或不同文化群體間的可靠比較。他指出，也許這當中最重要的是，在美國智力測驗成績也是處決定罪殺人犯的一項參考標準，因此，弗林效應也可能攸關生死。

「全球智商提高的一個世紀」

　　弗林在 1984 年和 1987 年發表的這兩篇論文堪稱經典，當中皆包含大量的研究工作。這些提醒智力研究人員要去注意這個大問題，並且激發出大量後續的研究和反思。然而，

弗林的這些數據僅是指引出一個大方向——而且我認為相當
具有說服力——而不是系統性的，也沒有明確的定論。最後
並沒有以此形成一後設分析，甚至也稱不上有進行系統性的
文獻回顧。後來是由雅各布‧皮耶希尼（Jakob Pietschnig）
和馬丁‧沃拉切克（Martin Voracek）對弗林效應進行了一
項後設分析。

　　他們按部就班地檢索了科學文獻，找到 219 篇關於弗林
效應的相關研究。當中有 271 個獨立樣本群，總共有近四百
萬人。這些樣本群分別來自非洲、亞洲、澳洲、歐洲以及北
美洲和南美洲等 31 個國家。最早的測驗是在 1909 年進行，
最晚近的是在 2013 年，時間範圍跨越一個多世紀。樣本群
當中有 70% 的受試者在接受測驗時未滿 17 歲，90% 的受試
者不到 40 歲。樣本群中有將近 70% 是處於健康狀態。在此
我就不詳細介紹所有的細節，只是要點出他們可以用五種類
型的研究設計來檢驗弗林效應。前兩種是：在不同年度，針
對兩群特性相似的群體使用相同的智力測驗；以及給樣本群
作同一測驗的原始版本和修訂版本。

　　圖 23 顯示出皮耶希尼和沃拉切克的分析結果。底部的

橫軸是進行心理測驗的年分。左邊的縱軸是智商分數的變化。圖中有代表一般智力，即「整體」智商的線條，另外還有第二章介紹過的流體智力和晶體智力的線條，最後一條是代表空間智商的線。將每種智商可用的最早年分的分數設定

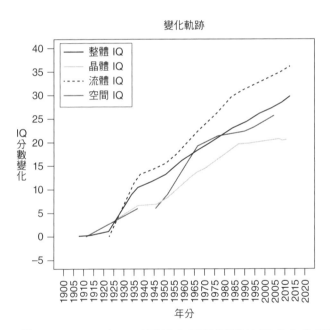

變化軌跡

圖 **23** 從 1909～2013 年，不同智力測驗類型的智商上升趨勢。（經許可轉載：Pietschnig, J., & Voracek, M. (2015). One Century of Global IQ Gains: A Formal Meta-Analysis of the Flynn Effect (1909–2013). Perspectives on Psychological Science, 10(3), 282–306. © 2015, ©SAGE Publications.）

為零,當作是基線。先選定要查看的年分後,將手指向上移動到特定的線條處,然後將手指平行往向左軸移動,就可以找那一年智商的增加量。在此之前,請先看看這些線條,它們全都是從左下角往右上角。也就是說,弗林是對的:在世界各地都出現後代智力測驗分數高於前代的趨勢。此圖顯示出,在這一世紀間,智商上升了 20 ～ 30 分;正如弗林在幾十年前的文章中所寫的,這些是巨大的進步。

皮耶希尼和沃拉切克發現智商平均每十年上升 2.8 分。流體智力(每十年增加 4.1 分)明顯比晶體智力(每十年增加 2.1 分)的成長幅度大。矩陣測驗(參見第 16 頁圖 2)便是「流體 IQ」這類測驗的一個例子;而詞彙測驗則屬於晶體測驗。他們認為他們偵測到在二次大戰期間智商增長放緩的情況,並推測部分原因可能是一些國家的營養情況相對較差。他們也偵測到,從 1970 年代開始的最近幾十年,智商增長放緩的趨勢。

他們長篇大論地解釋弗林效應的可能原因,並且探討他們的數據是否有助於確定出更可能的因素。但他們幾乎找不到令人信服的數據。他們認為有些證據顯示,接受更多年的

全日制教育和更好的教育體系或許是這效應的部分原因。他們也注意到，在這段期間，電腦和其他媒體基本上並不普及，因此接觸可以訓練思維技能的科技不會是促成此效應的因素。這時期全球各地也出現小家庭的趨勢，但他們沒有找到令人信服的證據來顯示其影響力。他們認為，在某些類型的智力測驗中，後代的猜題願意提高，或許也可以解釋部分的弗林效應——他們對這一可能性非常熱中。他們認為其他可能解釋後代智商較高的因素還有：減少鉛接觸（例如，從油漆和水中）、營養條件改善以及病原壓力減少（例如傳染病）。另外還提到了經濟繁榮造成整個大環境的改善。

皮耶希尼和沃拉切克考慮的另一個可能性是弗林當初提出的想法，那是在他發現這項效應的幾年後想出來的，稱之為「社會乘數」（social multipliers）。這是指，最初在能力上的小優勢——也許是來自遺傳差異，也可能是生活環境較好——會帶來更好的表現，而這又繼續創造出更好的環境。也就是說，某人因為在某事上的表現出色，可能會被「認定」是優秀，因此會獲得額外的學費和練習，或是選擇，也許還能享有比其他人更好的教材和環境。而更好的環境又會

導致更好的表現,這又繼續帶來更好的環境條件。如此循環
下去:成倍數增長。透過這樣的反饋循環,最初的小優勢可
能會在日後產生加乘效果,造成巨大的表現差異。若是社會
特別著重在認知表現上,這可能會發生在整個社會層級。不
過目前並沒有對這個想法進行直接檢驗。

大多數探討弗林效應因素的想法(至少有 12 個)最終
都面臨到一些相同的困境:頂多只能解釋部分的效應;幾乎
都沒有直接證據;很難證明或檢驗。皮耶希尼和沃拉切克注
意到某些因素的影響力可能已經達到飽和,這或可解釋何以
在比較晚近的數據中,弗林效應趨於平穩,比方說挪威的例
子。

皮耶希尼和沃拉切克在他們長篇文章的結尾提到了兩個
論點,我覺得值得在此重述一遍。我認為有部分的弗林效應
並不是真實的。正如這兩位所言:「問題還是在於無法以猜
測(或其他形式的測驗複雜度等)來解釋智商的那部分,這
是否真的反映出一種有意義的智力增加」。還有這一點:
「很難說目前的智商比上個世紀增加了大約 30 分到底代表
著什麼,難道這是指在二十世紀初期出生的一個普通人,

其校正後的智商實際上僅有 70 分，按照現行的智商成績分級，這算是學習障礙了。」

我認為弗林效應的起源依舊和過去一樣神祕難解，儘管目前對於這個效應的真實性有更好的證據。讀者或許會想要認真思考一下弗林效應及其原因，特別是在目前的狀況，任何一個對這問題的新想法都可能會為心理學家提供一個解決這個棘手問題的立足點。若是有人類智力研究領域的獎項，那肯定是為了要頒給能夠解釋「智商上升」的「弗林效應」的人。

第十章

心理學家同意有智力差異的存在嗎？

　　對於人類智力差異感興趣的外行人來說，要能夠選出經過充分驗證的事證並不容易。偏偏這領域的一些評論者，在面對智力測驗的倡導時，所表達的意見往往是兩種極端。這一點可從媒體報導看出，通常文章內容不是僅報導一方的說詞，就是僅呈現兩個極端，再不然就是報導彼此辱罵對陣的情況。要讓某些人屏除歧見，同時還要讓心理學家重視目前許多人類智力的研究結果，從中取得廣泛共識，確實相當震撼，引起軒然大波。對非專業人士來說，美國心理學會（APA）最終發行的報告書應當算是兼具可讀性和實用性的一份智力研究報告。我在撰寫本文時，這份報告書已經問世約有四分之一個世紀，不過其中大部分的內容依舊正確無誤，仍是本很好的入門讀物。

《鐘形曲線》

　　接下來將討論美國心理學會的這份報告書。不過，首先來談一下引起軒然大波的部分。在 1990 年代中期，理查・赫恩斯坦（Richard Herrnstein，他在這份報告出版的同一個月去世）和查爾斯・默里（Charles Murray）合著的《鐘形

圖 **24**　《鐘形曲線》的封面。

（*The Bell Curve* by Richard J. Herrnstein and Charles Murray
(1994), Free Press 提供）

曲線：美國社會中的智力與階層結構》（*The Bell Curve*）（圖 24）一書刷新了學術書籍發行的紀錄。這本近 900 頁的專書，當中有約莫 300 頁是統計分析、詳細註腳和學術期刊參考文獻，竟然在美國售出了數十萬本。這一舉將大多數關於人類智力差異的爭論鮮活地搬上報章雜誌的版面。這引發了一陣騷動，（至少在）西方世界和心理學研究社群，因為心智能力差異對人的命運有很大的影響。這本書假定在預測社會結果和社會政策的脈絡中解決智商問題，其中一個特別有爭議的地方是關於種族差異。由此引發的爭議引起了專業心理學協會的警覺：要是大家對智力差異爭論不休，難道不該提供一些無可爭議的基本事實來補充，作為對《鍾形曲線》內容評論的基礎嗎？

我在這場風暴最初期就讀了《鍾形曲線》。這本書綜合整理了過去關於智力和社會政策的文獻評論，對 1979 全國青年縱向調查（在第三章和第八章皆有提過這個樣本群）的許多新穎的實證分析，以及社會政策的意見和建議。雖然這本書的出版成了一種意外的成功獲利，但我認為這是一個錯失的學術機會。在《鍾形曲線》的第二部（我的版本是在第

127 ～ 266 頁）〈認知等級和社會行為〉中，提到一系列在
1979 年調查中僅針對非西班牙裔白人的分析。赫恩斯坦和
默里研究了人在青年時期（10 幾歲到 20 出頭）的智力測驗
分數與他們到 30 出頭時的各種社會結果間的關聯，包括：
貧困、學校教育、失業、受傷、家庭事務、福利依賴、子女
養育、犯罪、禮貌和公民身分。他們還檢驗了智力測驗分數
是否有比父母的社經地位更能預測這些人日後的生活成就。
換言之，他們的研究分析是在問：一個人在 20 歲左右的智
力測驗成績是否可以預測 30 歲時獲得更好的學歷、社會地
位以及所謂的利社會行為（pro-social behaviours）？他們得
到的答案是可以。然後他們接著又問父母社經地位是否也有
影響（或是共同促成）。答案是不太會。

　　我對第二部中的這些分析的主要意見是，這些結果應該
發表在科學期刊上。這是很重要的發現，應該要先經過更嚴
格的同行審查。這樣或許就能避免後來引發的混亂，之後出
現了許多書籍和文章（其中包括非專業的和科學的）評論他
們的研究，讓人迷失在其中。不過，即使我認為赫恩斯坦和
默里應當將第二部的結果以另一種途徑來發表，這並不表示

我認為《鐘形曲線》的這兩位作者呈現結果的方式很糟糕。實際上，我們很少有機會能夠看到對統計分析進行如此全面、清晰地描述和詳細說明。在此書的最後，有一長達 30頁的附錄，其中包含他們對第二部的統計分析的原始資料，以免有人想要查核。換句話說，這兩位作者竭盡所能地呈現他們的工作原理，並且嘗試以通俗易懂的方式來描述他們的分析和結果。我仍然認為《鐘形曲線》的第二部值得一讀。

雖然我這樣建議，但任何試圖說：「去讀讀《鐘形曲線》的第二部，那裡有關於能否以智力來預測人生中的重要成果的有趣分析」的人，就像在 2014 年 9 月 29 日在堪薩斯城箭頭體育館第一節的最後 8 秒，試圖對人群小小地發出「噓」聲一樣不切實際（編按：NFL 職業美式足球賽向來以喧鬧的干擾噪音為特色，在這場比賽中，堪薩斯酋長隊在其主場改寫了露天運動場最高分貝噪音的金氏世界紀錄）。要是當初赫恩斯坦和默里是在由同行審查的科學期刊上發表第二部中的分析，可能會給這些結果帶來更正面的批判性關注，而不是在書出版後引發大量爭議，讓人迷失了方向。但總之他們沒有這麼做，我們可能聯想到那句諺語，說這是一

場對大家都沒有好處的壞風，不過這些爭議至少產生一個好的回應。

整理智力的已知和未知的專案小組

現在來談這項回應。美國心理學會認為他們有責任將一些在心理學家達成廣泛共識的人類智力差異發現加以記錄整理。他們的科學事務委員會（Board of Scientific Affairs，簡稱 BSA）委任了一個專案小組來收集過去研究者在人類智力差異上的發現，以及目前尚不了解的部分。在本章，我的目的是要指出，這份專案小組報告至今仍然是有用的，並且基本上對這一主題有相當公允的總結。它為本書的各項主題增加了更多面向，也是很適合當作進一步了解的延伸閱讀材料。

美國心理學會的這個特別專案小組在這份報告書中簡明地向各界人士說明人類智力差異的完整資訊，包括已知和未知的部分。他們是這樣介紹這份報告的：

　　1994 年的秋天，隨著赫恩斯坦和默里的《鐘

形曲線》的出版，引發了世人關於智力測驗分數的意義和智力本質的新一輪辯論。這場辯論的一大特性便是當中充滿強烈的主張和情緒。可惜的是，這些論點常常暴露出對這科學領域的嚴重誤解，不論是研究已經證明的內容，還是尚未証實的。儘管現在已經得知很多，但這問題仍然很複雜，有許多仍未解決。這場辯論還有另一個可惜的層面，許多參與其中的人幾乎沒有試著將當中的科學問題和政治問題區分開來。對這些研究結果的評估通常不在於它們的價值或科學地位（如我在前討論的這本書第二部的觀點），而比較著重在據此假定的政治影響。在這樣的氛圍下，想要自行判斷的人會發現自己很難確定到底要相信什麼。

如今已過世的烏爾里克・奈瑟（Ulric Neisser）被任命為專案小組的主席，他當時是艾默里大學的心理學教授。小組的其他成員則是以廣納專業知識和意見為原則，透過廣泛諮詢過程挑選出來，當中成員有來自美國心理學會公共利益心理學促進委員會、心理測驗和評估委員會以及代表委員會

的提名人。他們透過討論來解決爭議。最終發表的報告書獲得整個專案小組一致支持，他們同意書中的內容。

　　這個專案小組的努力對於人類智力差異的研究和認識的廣泛交流極為重要，其貢獻難以估量。奈瑟是當時舉世聞名的研究型心理學家。他被譽為「認知心理學」（cognitive psychology）之父，這門學科是心理學中研究心理過程的領域。倍受尊從崇的他過去從未參與過智力測驗相關的研究，一般認為他對這個主題不感興趣。小組成員的背景南轅北轍，大家原先以為這些專家恐怕會產生激烈爭論，難以達成一致共識。當中有來自遺傳—環境的智力研究領域的知名研究人員托馬斯・布沙德（Thomas Bouchard）和約翰・洛伊林（John Loehlin），以及來自比較偏向環境路線的研究人員史蒂芬・塞西（Stephen Ceci）。還有些學者，如納森・布羅迪（Nathan Brody），則是對智力抱持較為廣泛的看法，他曾經以冷靜客觀的角度總結過同行在智力差異領域的發現。另外還有對智力差異提出截然不同理論的羅伯特・斯騰伯格（Robert Sternberg），他的部分想法甚至與智商測驗中概括的智力典型概念相左。還有其他相關

的各界人士，如美國教育測驗服務中心的代表葛妮絲・布鐸（Gwyneth Boodoo）、關切少數族群體教育的韋德・博伊金（A. Wade Boykin）、關切性別差異的黛安・哈爾珀恩（Diane Halpern）以及關切智力測驗在職場應用的羅伯特・佩洛夫（Robert Perloff）。這個專案小組是由世界上最具影響力的心理學協會，找來一批受人尊敬但意見相左的意見領袖，讓他們聚在一起，就人類智力差異的一些已知和未知的問題來討論，最後發表意見一致的清楚聲明。

下面是專案小組報告書的閱讀指南：前面我已經提過在本書提出的問題中，有些就是來自這份報告書。跟本書不同的是，美國心理學會的這份報告書並未提供實際的研究和數據給讀者，不過當中關於智力差異的事實倒是很好的補充資料來源。

美國心理學會專案小組關於智力概念的探討

專案小組處理的第一個主題便是最基本的關鍵問題：心理學家所研究的智力到底是什麼。他們一致認為，這個詞涵

蓋了心智活動的許多面向及其相對效率，但是，「最近在請
幾十位著名的理論家為智力下定義時，他們給出了幾十種不
盡相同的定義。無須對出現這樣的分歧感到太過沮喪。科學
研究很少是從大家口徑一致的定義開始，不過最終可能會走
向這樣一個定義。」

　　他們確實注意到智力差異的主要概念反應在所謂的心理
測量法中。心理計量學（psychometric）是指對心智各個層
面的測量，就是本書前面所提的種種方法，這個研究領域與
智力測驗這個概念及其產生的分數有關。正如第一章所提，
心理測量的測驗涵蓋相當廣泛的心智能力。此外，美國心理
學會專案小組也注意到，某些智力概念所強調的心智能力是
一般的智力測驗沒有涵蓋的層面。也就是說，心智能力（智
力）測驗所測驗到的，絕對不是人腦的全部能力。專案小組
在報告書中討論了種種智力概念，這些概念的範圍廣泛，超
越智商類型的心智能力。

美國心理學會專案小組對智力測驗及其關聯性的探討

專案小組報告書的下一部分則是在問：心理測驗的分數是否真的與其他任何事物相關。科學家可能會測量心理功能的某些方面，並發現某些人的得分高於其他人，然而，老實說，就算這樣也不能聲稱測驗分數源自於先前所定義的智力。與身高或血壓不同，智力沒有從零到任何數值的大小比例。心智能力的測量並不能反映出大腦功能的已知方面。智力測驗中的認知題型似乎是在衡量某些類型的腦力活動的效率，但為什麼有人會對這些能力感興趣呢？也許是出於下面這三個原因。

首先，要是心理測驗成績的差異在人的一生中基本上一直維持穩定，那就表示這類測驗有量測到某些固定的人類心理能力。這在本書的第二章有介紹過，而專案小組的報告書總結了這領域其他支持這方面的研究，是很有用的參考資料。

其次，若是心理測驗的分數真能預測人類生活中與這些測驗題材毫不相關的其他方面，那麼它們的意義就會比表面

看來的更為廣泛深遠。在日常生活中，經常會用到心理測驗的場域是職場、學校和診所。這裡主要的議題通常是以心理測驗來當作選擇和預測的一種方便的輔助工具。美國心理學會專案小組的報告書討論了智力測驗分數與學校成績、受教育年限、工作表現以及違法亂紀等種種社會後果間的關聯。在第七章曾描述過其中一些關聯，像是在工作場所的培訓和人才選拔。在專案小組撰寫報告書之際，認知流行病學尚未開始，因此幾乎沒有人注意到智力測驗分數與健康和死亡率間的關聯；這方面請參閱本書第八章。

　　第三，智力測驗分數的相關性還有另一個層面，那就是造成分數差異的來源。也就是說，我們能否發現任何與心理測驗分數差異相關的大腦表現？要是真的有辦法這樣做，而且發現智力測驗分數的某些差異確實與大腦處理過程的某些層面有關，那麼我們就能更進一步認識大腦的差異是如何造成心智能力的差異。專案小組報告書討論了智力測驗分數與認知、反應時間、檢查時間和神經功能各方面的關聯。在第五章和第六章中，我介紹過大腦功能和結構中一些假定較為簡單的層面，以及它們與智力測驗分數的關係。

美國心理學會專案小組對遺傳和環境對智力影響程度的探討

　　專案小組在報告書中衡量了遺傳和環境對智力差異的影響程度的證據。他們的報告比我在書中描寫的更詳細，而且涵蓋更多雙胞胎和收養研究以及其他主題，儘管這些內容是在以 DNA 進行的 GWAS 研究前撰寫的（見第四章）。至於環境的部分，專案小組一致認為，近年來出現最有趣的一項發現便是智力測驗分數的世代遞增，也就是弗林效應（在第九章中討論）。

美國心理學會專案小組對於智力的群體差異的探討

　　專案小組討論的最後一個主題是智力的群體差異。這些「群體」（groups）是指性別和種族群體。我在第二章描述過一些性別差異。我建議可參考專案小組對爭議性很高的種族差異問題的處理，這也是《鐘形曲線》引起軒然大波的一項主要議題。

美國心理學會專案小組的結論

專案小組成員認為在人類智力的認識上，儘管各類研究已經有將近一個世紀的歷史，在一些主題上仍然沒有答案或神祕難解，在此我列出這些主題來總結這部分。根據專案小組的報告，下面這些仍是智力研究人員未知的部分，也是未來研究的挑戰。

1. 基因對智力有一定的影響，但具體性質不明。

2. 影響智力的環境因素是未知的。

3. 營養對智力的影響尚不明確。

4. 目前尚不清楚何以智力測驗分數與更為簡單的人類表現衡量指標相關（參見本書第五章）。

5. 關於智力測驗分數為何會隨著世代而增加，目前這點尚沒有找到一個令人滿意的解釋。

6. 目前尚不清楚造成各群體間智力測驗分數差異的原因。

7. 目前對智力測驗無法測量到的重要人類能力（創造力、

智慧、實踐感、社會敏感性）知之甚少。

從這份美國心理學會專案小組的報告書來看，今日的我們僅對第一項的認識多了一點（但還不夠），而其餘的未知仍然繼續處於未知的狀態。

美國心理學會專案小組之後的智力研究總結

我推薦理查德・尼斯貝特（Richard Nisbett）及其同僚撰寫的一篇文章當作是專案小組報告書的後續延伸讀物。這些作者群雖然不是比照美國心理學會的方式來挑選成員，但他們更著重在智力測驗的評論上，並且對環境造成的智力差異影響很感興趣。他們的文章涵蓋了很多有趣的研究，不過他們也在文章的一開頭就直接挑明：

> 測量智力是心理學一項重大成就，也是一項深具爭議的成就。批評者指出沒有任何一種測驗能夠捕捉到人類智力的複雜性，所有的測量都是不完美的，沒有一種測量是全然沒有文化偏見的，而且智力測驗的成績有可能遭到濫用。所有這些批評都有

道理。但我們對此的反駁是，測量智力——主要是以智力測驗進行完成——依舊具有實用價值，因為它是一個很好的預測指標，可以由此推測學校成績、工作表現以及生活中許多方面的成功……若是經過審慎評估，並以全程透明的方式加以應用，智力測驗的分數仍然是有用的。

這篇文章也有談到環境對智力差異的影響。例如，他們討論到親餵母乳是否能提高孩童的智力。這是一個很難檢驗的問題，因為一些研究發現，親餵母乳與孩童智力之間的關聯，即使關聯性很輕微，依舊有部分是受到母親本人的智力測驗分數所影響。說得明確一點，有些研究發現表明，智力測驗成績較高的女性所生育的孩童智力測驗也得分較高，並且碰巧他們比較有可能以母乳親餵嬰兒，因此這問題便難以釐清。還有其他充分的理由讓一名女性以母乳親餵嬰兒；但並不確定這些是否會提高他們的智商。尼斯貝特提到了一個有趣的結果，收養兒童的家庭的社會優勢竟然會與被收養者的智力測驗高分有相關。文中也有關於許多如何透過教育提高智力的討論。

　　我認為尼斯貝特的報告的權威性和公正性都不如奈瑟領導的美國心理學會報告書。不過這篇文章補充了許多專案小組報告書討論主題的最新資訊，也提供了關於智力研究許多方面值得發表的觀點。我會建議讀者將它與我自己在同年發表於《心理學年度評論》（*Annual Review of Psychology*）的一篇關於智力研究的調查一起讀。這可以補充尼斯貝特的報告，但無法替代。當中涵蓋了本書的許多主題，並且有提供個別研究的更多參考資料。

結語

希望你能繼續閱讀

行文至此，我希望我的「關於智力測驗分數的十件趣事」中有部分能讓你讀來興味盎然。寫這本書，我根據的是可靠的研究發現，並且採用平鋪直敘的寫作風格，清楚交代這些研究，我之所以這樣寫，其中一個原因是，我認為直接按年代遠近，從智力充滿爭議的歷史開始，然後一路介紹到晚近的發現並不是最適合的。這種年代記的寫作方式很常見，但我認為這對於介紹從晚近數據中所認識到的主題沒有太大幫助；美國心理學會專案小組在撰寫他們的報告書時也抱持類似觀點。智力的歷史很有趣，智力測驗的也是，有時認識這些過去甚至有所助益。我之前也寫過一些關於智力的歷史文章，比如說處理速度這個主題。然而，光是檢視良好的現代數據就可能得到大量關於智力及其差異的有用知識，不見得要先查看智力的過去。但是請務必要了解更多關於後者的資訊；我在「延伸閱讀」部分的最後有提供一份指南。

正如我在本書開頭所寫，我無意論及所有與智力有關的

內容，特別是整體研究還很貧乏的主題（例如，創造力或智慧），這方面的數據通常只有跡象（例如，功能性腦造影，或增長智力的嘗試〔這方面就只能祝你好運〕），或者是即使我認為它們很有趣，但與人類智力差異無關（比如 EQ 或人工智慧）。

　　我的最終目標並不是為讀者提供本書十大主題的良好數據和積累的研究結果。要判斷一本書是否為好書，一個指標是當你讀完後，在闔上它時，你會想要看更多探討同一主題的書籍和文章。因此，請記住，在這本介紹智力的通識課結尾，我提供了一份更為廣泛的閱讀指南，當中都是關於智力的資料。有更多主題的建議，也有關於我所討論的主題的延伸讀物的建議。我很樂意呈現不同的意見，不過在讀這些時，一定要先問這背後的數據品質如何，是否夠好。

附錄

關於相關性

　　在智力測驗分數的研究上，統計非常重要，這些研究主要是在探討為何人在這類測驗上會出現差異，以及這些差異是如何產生的。研究人員通常會找來大量的人，讓他們進行各類測試思考能力的題目。要找出人際間的差異模式，以及測驗成績與現實生活中種種表現或成就的關係，就一定要對這些研究數據進行統計檢查，別無他法。在關於人類智力的種種爭論中，有些癥結點就出在統計上。更糟的是，在智力研究中所應用的統計技術是心理學中較為複雜的技術。編寫一本關於智力的入門書，若是在當中塞滿統計數據是沒有意義的，根本不會有人想讀。所以最後，我僅介紹選擇一種無法迴避的統計概念，也就是「相關性」。

　　相關性（correlation）是描述兩事物間彼此相關的程度有多大的一種方式，是以「相關係數」（correlation coefficient）來表示。相關係數的取值範圍是從 -1 ～ 0，再到 1。

下面我用一個例子來說明。假設我在街上攔下前 100 名遇到的成年女性，測量她們的身高和體重。我想問的問題是，身高越高是否體重會越重？我使用一個公式來計算兩者間的相關係數，這個數字會顯示出身高和體重的相關性有多大。要是每個比別人高的人都比其他人重，那這兩者間就會出現完美的關聯，也就是相關性為 1。在現實生活中並不會出現這樣的情況。我們都知道有些人的身材是矮胖或高瘦的。一般來說，個子高的人，體重確實也會偏重，但也有不少例外。因此，高個子體重增加的趨勢雖然很強，但不算完美。相關性大概在 0.5 左右，這屬於高度正相關。

再將這個例子延伸下去。要是我也決定測量她們的頭髮長度，想知道高個子的人是不是比較喜歡留長髮。但我幾乎可以肯定，高個子的頭髮不會比矮個子來得長或短。因此我的猜測是身高與頭髮長度完全沒有關係。如果我的猜測是對的，則相關係數將為 0。也就是說這兩件事沒有關連。

再繼續擴展這個例子。比方說，除了測量身高外，我們還要求她們走一段距離，好比說 20 公尺，然後計算她們所走的步數。我想知道身高與行走這段距離所需的步數間是否

有所關聯。我的猜測是，個子較高的人通常步幅較小。這也可由相關係數來確定；不過這次我猜錯了，結果發現身高更高的人步數較少。因此，這兩者間的相關性是負的；當一個值（身高）上升時，另一個值（走 20 公尺所需的步數）下降。相關係數大約是在 -0.4 左右。不過，數值在這裡並不重要。我想說的是，相關性可以有正有負。當相關性的數值為零時，表示兩件事之間沒有關係。總結來說，可以用相關性來描述一件事物與另一事同時增加或減少的傾向，或者顯示出兩者間毫不相關。

接下來，我們得談談相關性的大小。前面提到身高和體重可能有很高的相關性，大約在 0.5 左右，或者更高。0.5 這個值是我根據一些人的身高體重的真實數據計算出來的。在研究社會現象的心理學和其他學科中，通常很少發現有超過 0.5 這個程度的相關性。在統計上，習慣會將相關係數大於 0.5 的情況稱為具有大效應或強效應，而在 0.2 ～ 0.5 之間的那些則稱為中等或中度。低於 0.2 的則稱為小或弱。

在寫作上為求變化，我也不會一直以相關性來描述兩件事之間的狀態。有時我會說「關係」（relation or

relationship）或是「關聯」（association）。當我使用這些詞時，我指的都是相關性。如果談起這些術語時，我用到大、中或小等形容詞，這些指的便是上一段中提到的相關係數的大小。

在科學中有句名言，「相關性不代表因果關係」。這句話值得銘記在心，可以避免我們驟下結論，簡單推斷出原因。然而，相關性確實有其原因。因此，在本書中，當我談到相關性時，我會嘗試提供一系列可能的原因。在智力研究中，有很多相關性，但當中少有適當的因果關係。我們知道很多事實與現象，但很少知道背後的原因。

人有時會犯下一個常見的錯誤，就是以自己來應證這些相關性。假設我們宣布在量測人的身高和體重後，宣稱這其中的相關性很強，也就是身高較高的人往往體重較重。身形矮胖的人可能會拿自己當例子，驚呼我們在胡說八道，他們就是活生生的反證，證明身高體重間沒有這樣的關聯。我們必須記住，在任何情況下，只要相關性不是 +1 或 -1（幾乎所有的情況都是如此），那就表示我們會發現這種關聯的例外。相關性越低，我們在個體間就會碰到的例外就會越多。

此外，在一群人中得出的相關性並不能保證會在其他人群中也找到相同的關聯。

最後還有一個一般性警告：智力測驗分數可能與生活中的許多大小事有所關聯，但在人的故事中還有很多比智力更重要的特性。智力從來都不是最重要的。

關於後設分析的三個詞：重複、重複、重複

不論在探討何種主題，最好記住一條法則：不要相信任何單一的研究。在整本書中，我企圖呈現出大量精心設計的研究，以說明智力研究中的關鍵主題。然而，我們也該問問在其他研究中是否也會得到相同的結果。在科學研究中，當使用相同的方法來研究相同的主題時，理應能夠重複前人的發現。將一個研究領域的所有個別研究彙整起來時，檢視所有的結果，這是一種很好的科學實踐。這種做法稱為系統性文獻回顧（systematic review）；科學家或研究團隊會在國際科學文獻資料庫中搜尋所有已發表的（通常也包括未發表的）文章，找出探討同一問題的所有研究報告。

在系統性文獻回顧之後的階段便是後設分析（meta-analysis）。這就是將所有可用研究的結果整理到在同一量表中，回顧這些文獻的人會試著總結全面、平均的發現。有時會以相關性來表示。假設有人想知道身高和體重間是否有關。我認為他們不應輕易相信我在上面給出的單一結果。他們可以查找所有對人群測量身高和體重的研究。然後，列出所有研究獲得的相關性，並且計算出平均相關性。

這就是一種後設分析。與小型研究相比，在這分析中可能會比較看重大型研究，在計算平均相關性時可能會將這些大型研究的結果加以加權。這裡稍作解釋一下，假設三項研究使用相同的方法來測量不同人的身高和體重，一項研究測量了 1,000 人，另一項研究測量了 100 人，最後一項研究僅測量了 10 人。顯然給予較大型的研究較大的權重，讓其對所謂的平均相關性產生較大的影響會是比較好的做法。

後設分析也有其問題。比方說，這當中的研究品質通常良莠不齊，有的很嚴謹，有的較鬆散。因此，實際的效應可能會因此淡化或是變得不清楚。而且儘管在文獻回顧時會努力挑選針對同一主題的研究，但最後找的報告幾乎都還是存

在有差異，至少在研究方法都有些出入，難免出現「拿蘋果和梨比」的狀況，而為人所駁斥。儘管存在有這些和其他反對意見，但我認為知道是否有針對一特定問題的後設分析還是很有用的，也可用其結果當作是一粗略的底線。比方說，若是每項研究智力測驗分數與大腦體積相關性的研究都發現大致相同（或不同的）結果，那就有深入了解的必要。

在這本書的各章節，通常在說明單一研究後，我會再加補充針對同一主題的後設分析的結果。

延伸閱讀

下面是每章我所參考的主要研究，有時同一主題還有其他可參考的資料來源。

下面是其他學者對智力的種種描述：

Mackintosh, N. J. (2011). *IQ and Human Intelligence*, 2nd edition. Oxford: Oxford University Press.

Ritchie, S. J. (2015). *Intelligence: All That Matters*. London: John Murray Learning.

Sternberg, R. J. (ed.) (2019). *Human Intelligence: An Introduction*. Cambridge: Cambridge University Press.

第一章　智力有幾種？是只有一種還是有很多種呢？

下面是我在書中所提到的主要研究：

Carroll, J. B. (1993). *Human Cognitive Abilities: A Survey of Factor Analytic Studies*. Cambridge: Cambridge University Press.

Gardner, H. (1983, reissued 1993). *Frames of Mind: The Theory of Multiple Intelligences*. New York: Basic Books.

Gardner, H. (1999). *Intelligence Reframed: Multiple Intelligences for the 21st Century*. New York: Basic Books.

Warne, R. T., & Burningham, C. (2019). Spearman's *g* found in 31 non-western nations: strong evidence that *g* is a universal phenomenon. *Psychological Bulletin*, 145, 237–72.

Wechsler, D. (2008). *Manual for the Wechsler Adult Intelligence Scale-Fourth Edition (WAIS-IV)*. San Antonio, Tex.: Pearson.

第二章　隨著年齡增長，智力會發生什麼變化？

下面是我在書中所提到的主要研究：

Corley, J., Cox, S. R., & Deary, I. J. (2018). Healthy cognitive ageing in the Lothian Birth Cohort studies: marginal gains not magic bullet. *Psychological Medicine*, 48, 187–207.

Deary, I. J. (2014). The stability of intelligence from childhood to old age. *Current Directions in Psychological Science*, 23, 239–45.

Plassman, B. L., Williams, J. W., Burke, J. R., Holsinger, T., & Benjamin, S. (2010). Systematic review: factors associated with risk for and possible prevention of cognitive decline in later life. *Annals of Internal Medicine*, 153, 182–93.

Salthouse, T. A. (2009). Selective review of cognitive ageing. *Journal of the International Neuropsychological Society*, 16, 754–60.

Tucker-Drob, E. M., Brandmaier, A. M., & Lindenberger, U. (2019). Coupled cognitive changes in adulthood: a meta-analysis. *Psychological Bulletin*, 145, 273–301.

這是一本很有幫助的書和一篇有助於理解的概述性文章：

Salthouse, T. A. (2010). *Major Issues in Cognitive Ageing*. Oxford: Oxford University Press.

Tucker-Drob, E. M. (2019). Cognitive aging and dementia: a life-span perspective. *Annual Review of Developmental Psychology*, 1, 7.1–7.20.

第三章　智力有性別差異嗎？

下面是我在書中所提到的主要研究：

Deary, I. J., Irwing, P., Der, G., & Bates, T. C. (2007). Brother–sister differences in the *g* factor in intelligence: analysis of full, opposite-sex siblings from the NLSY1979. *Intelligence*, 35, 451–6.

Deary, I. J., Thorpe, G., Wilson, V., Starr, J. M., & Whalley, L. J. (2003). Population sex differences in IQ at age 11: the Scottish Mental Survey 1932. *Intelligence*, 31, 533–42.

Strand, S., Deary, I. J., & Smith, P. (2006). Sex differences in cognitive ability test score: a UK national picture. *British Journal of Educational Psychology*, 76, 463–80.

這是一本很有幫助的書：

Halpern, D. (2011). *Sex Differences in Cognitive Abilities*, 4th edition. London: Routledge.

第四章　環境和基因對智力差異各有什麼影響？

下面是我在書中所提到的主要研究：

Davies, G., 218 authors, & Deary, I. J. (2018). Study of 300,486 individuals identifies 148 independent genetic loci influencing general cognitive function. *Nature Communications*, 9, 2098.

Haworth, C. M. A., 22 authors, & Plomin, R. (2010). The heritability of general cognitive ability increases linearly from childhood to young adulthood. *Molecular Psychiatry*, 15, 1112–20.

Reuben, A., Caspi, A., Belsky, D. W., Broadbent, J., Harrington, H., Sugden, K., Houts, R. M., Ramrakha, S., Poulton, R., & Moffitt, T. E. (2017). Association of childhood blood lead levels with cognitive function and socioeconomic status at age 38 years with IQ change and socioeconomic mobility between childhood and adulthood. *Journal of the American Medical Association*, 317, 1244–51.

這是一本很有幫助的書：

Plomin, R. (2018). *Blueprint: How DNA Makes Us Who We Are*. London: Allen Lane.

第五章　聰明人反應比較快嗎？

下面是我在書中所提到的主要研究：

Deary, I. J., Johnson, W., & Starr, J. M. (2010). Are processing speed tasks biomarkers of cognitive ageing? *Psychology and Aging*, 25,

219–28.

Der, G., & Deary, I. J. (2017). The relationship between intelligence and reaction time varies with age: results from three representative narrow-age cohorts at 30, 50 and 69 years. *Intelligence*, 64, 89–97.

這是一篇有用的回顧文獻：

Deary, I. J., & Ritchie, S. J. (2014). Ten quick questions about processing speed. *British Academy Review*, 24, Summer. It is available free, here: <http://www.thebritishacademy. ac.uk/10-quick-questions-about-processing-speed.>

第六章　聰明的大腦長什麼樣子？

下面是我在書中所提到的主要研究：

Cox, S. R., Ritchie, S. J., Fawns-Ritchie, C., Tucker-Drob, E. M., & Deary, I. J. (2019). Structural brain imaging correlates of general intelligence in UK Biobank. *Intelligence*, 76, 101376.

Gignac, G. E., & Bates, T. C. (2017). Brain volume and intelligence: the moderating role of intelligence. *Intelligence*, 64, 18–29.

Haier, R. J. (2016). *The Neuroscience of Intelligence*. Cambridge: Cambridge University Press.

Pietschnig, J., Penke, L., Wicherts, J. M., Zeiler, M., & Voracek, M. (2015). Meta-analysis of associations between human brain volume and intelligence differences: how strong are they and what do they mean? *Neuroscience and Biobehavioral Reviews*, 57, 411–32.

Ritchie, S. J., Booth, T., Valdes Hernandez, M. C., Corley, J., Munoz Maniega, S., Gow, A. J., Royle, N. A., Pattie, A., Karama, S., Starr, J. M., Bastin, M. E., Wardlaw, J. M., & Deary, I. J. (2015). Beyond a bigger brain: multivariable brain imaging and intelligence. *Intelligence*, 51, 47–56.

第七章　智力在求學過程和職場中重要嗎？

下面是我在書中所提到的主要研究：

Deary, I. J., Strand, S., Smith, P., & Fernandes, C. (2007). Intelligence and educational achievement. *Intelligence*, 35, 13–21.

Lubinski, D., Benbow, C. P., & Kell, H. J. (2014). Life paths and accomplishments of mathematically precocious males and females four decades later. *Psychological Science*, 25, 2217–32.

Schmidt, F. L. (2016). The validity and utility of selection methods in personnel psychology: practical and theoretical implications of 100 years of research findings. It is available by request from here: <https://www.researchgate.net/publication/309203898>.

Schmidt, F. L. & Hunter, J. E. (1998). The validity and utility of selection methods in personnel psychology: practical and theoretical implications of 85 years of research findings. *Psychological Bulletin*, 124, 262–74.

Schmidt, F. L. & Hunter, J. (2004). General mental ability in the world of work: occupational attainment and job performance. *Journal of Personality and Social Psychology*, 86, 162–73.

這是一篇有用的回顧文章：

Strenze, T. (2007). Intelligence and socioeconomic success: a meta-analytic review of longitudinal studies. *Intelligence*, 35, 401–26.

第八章　智力對健康和長壽是否重要？

下面是我在書中所提到的主要研究：

Calvin, C. M., Batty, G. D., Der, G., Brett, C. E., Taylor, A., Pattie, A., Cukic, I., & Deary, I. J. (2017). Childhood intelligence in relation to major causes of death in a 68 year follow-up: prospective population study. *British Medical Journal*, 357, j2708.

Calvin, C. M., Deary, I. J., Fenton, C., Roberts, B. A., Der, G., Leckenby, N., & Batty, G. D. (2011). Intelligence in youth and all-cause mortality: systematic review and meta-analysis. *International Journal of Epidemiology*, 40, 626–44.

Wraw, C., Deary, I. J., Der, G., & Gale, C. R. (2016). Intelligence in youth and mental health at age 50. *Intelligence*, 58, 69–79.

Wraw, C., Deary, I. J., Gale, C. R., & Der, G. (2015). Intelligence in youth and health at age 50. *Intelligence*, 53, 23–32.

Wraw, C., Gale, C. R., Der, G., & Deary, I. J. (2018). Intelligence in youth and health behaviours in middle age. *Intelligence*, 69, 71–86.

第九章　智力是否會世代遞增？

下面是我在書中所提到的主要研究：

Flynn, J. R. (1984). The mean IQ of Americans: massive gains 1932 to 1978. *Psychological Bulletin*, 95, 29–51.

Flynn, J. R. (1987). Massive IQ gains in 14 nations: what IQ tests really measure. *Psychological Bulletin*, 95, 29–51.

Pietschnig, J. & Voracek, M. (2015). One century of global IQ gains: a formal meta-analysis of the Flynn effect. *Perspectives on Psychological Science*, 10, 282–306.

第十章　心理學家同意有智力差異的存在嗎？

下面是我在書中所提到的主要研究：

Deary, I. J. (2012). Intelligence. *Annual Review of Psychology*, 63, 453–82.

Herrnstein, R. J. & Murray, C. (1994). *The Bell Curve*. New York: Free Press.

Neisser, U., Boodoo, G., Bouchard, T. J., Boykin, A. W., Brody, N., Ceci, S. J., Halpern, D. F., Loehlin, J. C., Perloff, R., Sternberg, R. J., & Urbina, S. (1996). Intelligence: knowns and unknowns. *American Psychologist*, 51, 77–101.

Nisbett, R. E., Aronson, J., Blair, C., Dickens, W., Flynn, J., Halpern, D. F., & Turkheimer, E. (2012). Intelligence: new findings and theoretical developments. *American Psychologist*, 67, 130–59.

結語　希望你能繼續閱讀

　　人類智力差異的研究是一段有趣的歷史。「爭議」這個詞反覆出現在各種主題中，諸如是否有 g 因子的存在，它是否會隨著年齡增長而下降，以及 g 因子是否牽涉到大腦結構、環境和遺傳的相對重要性、群體差異、學校選擇、涉嫌造假的研究結果等種種因素。在此我鼓勵大家閱讀一些相關的歷史。

　　查爾斯・斯皮爾曼（Charles Spearman）的《人類的能力》（*The Abilities of Man*）一書特別值得一提。這是他關於 g 因子的巨著，g 是他在 1904 年發現的一種統計規律，過去這一百多年來不斷有人重複這項發現。他的這本書包含智力研究的歷史、實證研究和理論以及很多關於智力的想法。有些關於族群差異的理論讀來令人反感，還有些則是來自斯皮爾曼本人強烈的立場。據我所知，他經常為一位遲鈍、又被誤導的對手感到惱火並與之爭論。除了他之外，我想不出還有誰會在書的開端就安排一章名為〈含糊不清的「智力」〉。

　　另一本值得注意的書是法蘭西斯・高爾頓（Francis Galton）所的《遺傳天才》（*Hereditary Genius*）。此書可以從與作家同名的網站上下載免費的 PDF 版本。要特別留意的是，「優生學」（eugenics）一詞就是高爾頓提出的。書中會有一些關於族群差異和優生學的陳

述，讀來令人反感。在學界尚未對智力展開正式科學研究前，高爾頓應當是第一個提出「一般心理能力」（general mental ability）這個概念的，他提出智力在人群中可能呈常態分布，認為智力基本上是可遺傳的，還提出一套理論，以簡單的心理過程來描繪其基礎。高爾頓的表達方式有些不尋常。好比說，在解釋他這套一般心理能力觀點，即若是一人擅長一種心理技能，往往也會擅長其他技能，他會駁斥那些抱持相反觀點的人，也就是那些主張人有特別擅長的技能，他怪異的推論是這樣的：「這樣看來不妨說，因為一個年輕人死心塌地地愛上了一個棕髮女人，所以他就不可能愛上一個金髮女郎。也許他天生就是比較欣賞前一種類型的美，也許不是；但這也有可能主要，甚或完全是因為他天生就是個多情種子，這是來自他的基本性情」（該書第24 頁）。這本書有好幾百頁是在談他的實證研究；全是他們這個天才家族枯燥乏味的家庭集會。

智力史上的三大人物是高爾頓、斯皮爾曼和阿爾弗雷德・比奈（Alfred Binet）。比奈發展出史上第一套智力測驗。若是要看專門討論比奈的書，我推薦萊拉・贊德蘭（Leila Zenderland）的書。此書提到一個相當驚悚的故事，提到比奈的智力測驗差點進不了美國，以及在進入美國後，很快就遭到過度使用／濫用的情況。

關於早期參與智力測驗的許多男人（是的，全都是男人）的一系列引人入勝的故事以及各種爭議，我推薦雷蒙・范徹（Raymond Fancher）的書。

亞瑟・詹森（Arthur Jensen）的書長達 700 頁，對智力測驗和一般智力概念提出了反對意見，這本書的書名大可以改成「心理測驗中沒有太多偏差」。

講到智力研究，無論如何都會有人向你提起史蒂芬・傑伊・古爾德

（Stephen Jay Gould）的著作，所以在此我也一併說明。他書中的心理測量是錯的，對於大腦大小和智力的說法也是錯的，而且寫作風格帶有強烈的反智商測驗偏見。

由於我有使用我們「蘇格蘭心理調查」後續研究的一些結果，所以我也推薦我和惠利（Whalley）及斯塔爾（Starr）的合著，這本書中有對這項調查的起源、組織和早期發現提供更詳細的描述。

Deary, I. J., Whalley, L. J., & Starr, J. M. (2009). *A Lifetime of Intelligence: Follow-Up Studies of the Scottish Mental Surveys of 1932 and 1947*. Washington, DC: American Psychological Association.

Fancher, R. E. (1987). *The Intelligence Men: Makers of the IQ Controversy*. New York: Norton.

Galton, F. (1869). *Hereditary Genius: An Inquiry Into its Laws and Consequences*. London: Macmillan and Co.

Gould, S. J. (1996). *The Mismeasure Of Man: Revised and Expanded Edition*. New York: Norton.

Jensen, A. R. (1980). *Bias in Mental Testing*. London: Methuen.

Spearman, C. (1927). *The Abilities of Man: Their Nature and Measurement*. London: Macmillan and Co.

Zenderland, L. (2001). *Measuring Minds: Henry Herbert Goddard and the Origins of American Intelligence Testing*. Cambridge: Cambridge University Press.

附錄　關於相關性

　　美國心理學會專案小組（第十章）的報告中寫道，要等到在研究結束時才會對智力下定義，而不是在一開始。這點我也很同意，所以我一直到本書的結尾，才在這裡提供一個定義。許多人都引用琳達・戈特弗雷德森（Linda Gottfredson）的定義：「智力是一種非常廣泛的心理能力，其中包括推理、計畫、解決問題、抽象思考、理解複雜想法、快速學習和從經驗中學習的能力。」智力不僅關乎到書本學習、狹隘的學術技能或考試技巧，它反映的是一種更廣泛、更深入的理解力，這是去認識周圍環境的能力，要能夠「弄懂」「理解」事物或「弄清楚」該做什麼。

Gottfredson, L. S. (1997). Mainstream science on intelligence: an editorial with 52 signatories, history, and bibliography. *Intelligence*, 24, 13–23.

國家圖書館出版品預行編目(CIP)資料

智力：測量人類思維及能力的有效方式／伊恩・迪瑞（Ian J. Deary）著；王惟芬譯. -- 初版. -- 臺北市：日出出版：大雁文化事業股份有限公司發行, , 2023.11
　面；公分

譯自：Intelligence : a very short introduction, 2nd ed.

ISBN 978-626-7382-25-7（平裝）

1. 智力 2. 智力測驗

179.2　　　　　　　　　　　　　　　112018505

智力：測量人類思維及能力的有效方式
Intelligence: A Very Short Introduction, 2nd Edition

© Ian J. Deary 2020
through Andrew Nurnberg Associates International Limited
Traditional Chinese edition copyright:
2023 Sunrise Press, a division of AND Publishing Ltd.

Intelligence: A Very Short Introduction, Second Edition was originally published in English in 2020. This Translation is published by arrangement with Oxford University Press. Sunrise Press, a division of AND Publishing Ltd. is solely responsible for this translation from the original work and Oxford University Press shall have no liability for any errors, omissions or inaccuracies or ambiguities in such translation or for any losses caused by reliance thereon.

作　　　者　伊恩・迪瑞 Ian J. Deary
譯　　　者　王惟芬
責任編輯　王辰元
封面設計　萬勝安
內頁排版　陳佩君
發 行 人　蘇拾平
總 編 輯　蘇拾平
副總編輯　王辰元
資深主編　夏于翔
主　　編　李明瑾
行　　銷　廖倚萱
業　　務　王綬晨、邱紹溢、劉文雅
出　　版　日出出版
　　　　　地址：新北市 231 新店區北新路三段 207-3 號 5 樓
　　　　　電話：(02) 8913-1005　傳真：(02) 8913-1056
發　　行　大雁出版基地
　　　　　地址：新北市 231 新店區北新路三段 207-3 號 5 樓
　　　　　24 小時傳真服務(02) 8913-1056
　　　　　劃撥帳號：19983379　戶名：大雁文化事業股份有限公司
初版一刷 2023 年 11 月
定　　價 380 元
版權所有・翻印必究
ISBN 978-626-7382-25-7